品质课程
实验研究
丛书

丛书主编
杨四耕

学校课程体系的建构

"小螺号课程"的架构与创生

吴 欣 主编

全国教育科学规划课题
《"小螺号"课程的构建与实施的行动研究》
（批号：FHB180559）之研究成果

华东师范大学出版社
·上海·

图书在版编目(CIP)数据

学校课程体系的建构："小螺号课程"的架构与创生/吴欣
主编.—上海：华东师范大学出版社，2020
(品质课程实验研究丛书)
ISBN 978-7-5760-0445-8

Ⅰ.①学… Ⅱ.①吴… Ⅲ.①课程建设—教学研究—
小学 Ⅳ.①G622.3

中国版本图书馆 CIP 数据核字(2020)第 123020 号

品质课程实验研究丛书

学校课程体系的建构："小螺号课程"的架构与创生

丛书主编　杨四耕
主　　编　吴　欣
责任编辑　刘　佳
项目编辑　林青荻
特约审读　施寿华
责任校对　杨月莹　时东明
装帧设计　卢晓红

出版发行　华东师范大学出版社
社　　址　上海市中山北路 3663 号　邮编 200062
网　　址　www.ecnupress.com.cn
电　　话　021-60821666　行政传真 021-62572105
客服电话　021-62865537　门市(邮购) 电话 021-62869887
地　　址　上海市中山北路 3663 号华东师范大学校内先锋路口
网　　店　http://hdsdcbs.tmall.com

印 刷 者　上海商务联西印刷有限公司
开　　本　787×1092　16 开
印　　张　14.75
字　　数　219 千字
版　　次　2020 年 9 月第 1 版
印　　次　2021 年 12 月第 2 次
书　　号　ISBN 978-7-5760-0445-8
定　　价　45.00 元

出 版 人　王　焰

(如发现本版图书有印订质量问题，请寄回本社客服中心调换或电话 021-62865537 联系)

本书编委会

顾　问：李楚英

主　编：吴　欣

副主编：王先云

编　委：陈文心　赖秀龙　聂永成　赵秀文　梁彩娥

　　　　周　瑜　王远旺　陈星福　谭晓环　陈玉棋

　　　　彭海棠　梁正发　罗文媚　邓之富　周安旺

　　　　李　飚　王晓芬

丛书总序

实践,课程最美的语言

西方课程研究已有百余年历史,对课程实践影响比较大的当属课程开发模式研究。西方课程开发模式主要有以下几种:一是目标模式,它以明确的目标为中心开展课程研制,其代表人物有博比特、泰勒和布卢姆;二是过程模式,它旨在通过详细说明内容和选择内容,遵循程序原理来进行课程研制,代表人物是斯滕豪斯;三是情境模式,它强调社会文化情境的分析,反对脱离社会现实及学校具体情境的课程方案研制,劳顿和斯基尔贝克是其主要代表人物;四是实践模式,以施瓦布为代表,他认为,通过课程审议洞察具体的实践情境,提出可供选择的方案是课程开发的重要任务。

自 20 世纪 90 年代以来,课程研究者逐渐不再局限于依据某种单一的课程理论来进行课程设计,而是根据培养目标、学习者的特点等对多种课程设计理论进行整合,以实现课程开发目标。如我国课程学者在批判继承东西方课程理论合理内核的基础上提出了"人化—整合"课程研制方法论,指出了该方法论的教育学标准、范式坐标、本质特征及框架设想。(参见郝德永在 2000 年于教育科学出版社出版的《课程研制方法论》。)

创新是理论研究的生命。被誉为"现代课程理论之父"的泰勒在他的专著《课程与教学的基本原理》中提出,课程研究必须关注"四个基本问题":学校应该达到哪些目标? 提供哪些教育经验才能实现这些目标? 怎样才能有效地组织这些教育经验? 我们怎样确定这些目标正在得到实现? 这四个基本问题构成了课程与教学的基本原理,为课程开发提供了坚实的理论基础和可靠的实践范式。我们提出的"首要课程原理",是置身中国课程改革实践,吸纳西方课程研究成果,采取整合融贯的思维方式,在充满张力的文化场域中进行综合创造的结果。它创造性地将泰勒的"四个基本问题"发展为学校课程实践的"五个基本原理":聚焦学习原理、情境慎思原理、文化融入原理、目标导引原理和扎根过程原理。其研究旨趣不是宏大庄严的理论,而在于回应课程变革的现实需求,更好地提升学校课程品质。

1. 聚焦学习原理:儿童成长是课程的焦点

杜威说:"儿童和课程仅仅是构成一个单一的过程的两极。"他以全新的视角揭示了一个观点,即课程内容的逻辑顺序与儿童生长的心理顺序在本质上是一致的,它们都是儿童主动活动的结果。为此,他提出要研究儿童不同发展阶段的需要与可能性,给儿童提供有助于其"生长"的课程。他说:"儿童的世界是一个具有他们个人兴趣的人的世界,而不是一个事实和规律的世界。儿童世界的主要特征,不是什么与外界事物相符合这个意义上的真理,而是感情和同情。"(杜威语)儿童需求是课程的核心,孩子们需要什么、喜欢什么,就给他们配什么样的课程。杜威说:"兴趣的价值在于它们所提供的那种力量,而不是它们所表现的那种成就。"这充分体现了儿童的"兴趣"和"感情",融通了"科学世界"与"生活世界"的诉求,它让每一个孩子乐在其中,有所感、有所思、有所悟、有所得。聚焦学习,回归生长,让儿童处于课程中央,这是学校课程深度变革的追求。

2. 情境慎思原理:清晰学校课程变革的起点

课程生成于特定的时代背景与文化架构之中,是文化选择的结果,我们不能脱离社会现实及学校具体情境在"真空"中开发课程。只有在"情境慎思"的基础上,我们才能准确把握学校课程变革的宏观背景,深刻理解课程变革的文化架构,进而准确地揭示课程的本质,制定出立足于当地文化资源、基于学校发展实际的课程方案。英国课程学者劳顿指出:课程开发必须关注宏观文化背景,研制课程要先进行"文化分析"。除了关注宏观文化背景,还要对学校微观情境进行分析,将关注的焦点放在具体学校和教师身上。这是英国课程学者斯基尔贝克课程开发"情境模式"之核心观点。

3. 文化融入原理:让思想的光辉映照学校课程

在不少人的眼里,课程就是分门别类的"学习材料"。当我们走出这种视野,把课程理解为每一个人活生生体验到的存在的时候,课程就具有了全新的含义,它不再只是一堆材料,而是一种"复杂的会话",一种可以进行多元解读的"文本"。通过"解读"我们可以获得多元话语,通过"会话"我们可以得到关于课程的独特理解。派纳说:"课程是一个高度符号性的概念,它是一代人努力界定自我与世界的场所。"它允许人们从不同的视域来理解课程,通过个性化的"复杂会话",课程那被久久遗忘的意义得以澄清:"学校课程的宗旨在于促使我们关切自己与他人,帮助我们在公共领域成为致力于建设民主社会的公民,在私人领域成为对他人负责的个体,运用智力、敏感和勇气思考与行动。"在这里,"课程不再是一个事物,也不仅是一个过程。它成为一个动词,一种行动,一种社会实践,一种私人的意义,一种公共的希望"。

4. 目标导引原理:让学校课程变革富有理性精神

如前所述,泰勒提出了课程开发的基本问题即著名的"泰勒原理"。由此,他建立了课程研制活动的四个基本环节:确定基本目标,选择学习经验,组织学习经验,评价学习结果。我们认为,学校课程变革不是漫无目的的"撒野",而是基于目标的牵引,匹配课程、实施课程、评价结果的过程,是让理性精神照耀学校课程变革的过程。

5. 扎根过程原理:激活学校课程变革图景

英国课程学者斯滕豪斯在 1975 年出版的《课程研究与研制导论》中,首倡课程开发的过程模式。过程模式重视基于"教育宗旨"的课程活动过程,强调通过对知识形式和活动价值的分析来确定内容,主张通过加强教师的发展来激活学校课程,要求教师在课程开发过程中,通过反思澄清隐含在课程实践过程中的价值要素,提升课程实践过程的价值理解力和判断力。美国课程学者施瓦布认为:课程是一个相互作用的"生态系统",它是建立在对课程意义的"一致性解释"基础上,通过这个"生态系统"要素间的相互理解、相互作用,实现学生学习需求的满足和德性的生长。因此,课程变革必须激活包括教师和学生在内的课程实践过程,回归课程的实践旨趣。

我们认为,"首要课程原理"是对课程现象、课程关系及其矛盾运动的理性认识,是建立在客观的课程事实、课程现象基础上的,通过归纳、演绎等科学方法,由概念、判断和推理构成的观念体系。它不是零碎的观点,有着自己独特的形式结构,是由不同要素构成的复杂理念系统。"首要课程原理"也是动态生成的观念系统,不是金科玉律式的教条,不是封闭的符号化知识体系,而是有待改进与完善的学校课程变革建议。"首要课程原理"具有实践浸润性,不是理论循环自证的形上之思,它是为了课程实践,通过课程实践,在课程实践中,浸润在实践与实验中不断生长的课程理论。

实践,课程最美的语言。经过十多年的实验与研究,我们深深感受到,学校课程实践的复杂性需要整合性的课程理论架构作指导。"首要课程原理"是在潜心梳理现有课程理论成果过程中,发现其固执一端的弊端而获得方法论启迪的,它是以综合创造思维对各流派课程理论进行概括、提炼与建构的结果。它是课程研制要素在时间和空间上相对稳定的联系方式的理性表达,既是从过去状况到现实经验的情境分析,也是对课程理想状态的整体设计。可以说,"首要课程原理"是课程理论的精华与课程实践的智慧,具有观点深刻性、架构系统性及实践指向性等特点。

"品质课程实验研究丛书"是我们运用"首要课程原理"开展课程行动研究,促进一批学校推进课程深度变革的成果。我们期望通过试验与实证、归纳与演绎,逐步完善"首要课程原理"系列命题,建立理论性与实践性并存、可重复、可操作的课程知识体系,真正提升学校课程实践品质。

课程是理论的实践表达,理论是实践的理性观念,让课程理论与实践良性互促是课程研究的神圣使命。富有原创性的课程理论,不仅启发无尽的思考,也启示实践的路向,激发课程变革的热情。一种好的理论,应当顶天立地,上通逻辑,下连实践,体现思辨的旨趣,充满生命活力。

杨四耕

2020 年 6 月 5 日于上海市教育科学研究院

目录

第一章　启德：言修行律德润心 / 1

德者，学生立身之本者也，故启航娃之育，立德为先。"生命之华"启迪学生珍爱生命之心，于尊重生命、感悟生命、升华生命中涵筑生命之光华；"传统之韵"品承传统文化之精髓与魅力，引领学生文化之归属与自信；"礼仪之美"扬传统礼仪之蕴，融现代文明之需，引领学生言行以律，育儒雅君子之风；"陶冶之道"重以文化人、以境育德，潜移默化，以德润心；"携手之力"意在举家校社会之齐力，共谋德育之真效；"践履之悟"则引领学生于行万里路中，悟世界、感人生、修自身，知行合一。

第二章　启言：品文溯义言开智 / 75

"语言是太阳，它的魅力在热烈；文字是月亮，它的魅力在宁静。语言乃思想之平台，文字为情感之载体，无论古今贤达，抑或中外凡人，均通过语言文字寄托其内在的思想智慧，传达其丰富的情感态度。千百年来，人类创造、积累了浩如烟海的语言文字，这些语言文字穿行于人类文明的历史长河中，徜徉在人们跳动的思想脉搏中。因此，在品读"之乎者也"中与古人真情对话，挖掘语言的宝藏；在诵读"ABCD"中感受异国风情，品味文字的艺术。你，定能用自己的笔，自己的心，谱写一曲曲感人肺腑的美丽诗篇。

第三章　启思：点化思维增智慧 / 113

当今信息时代是头脑竞争的时代，人们缺乏的不再是知识和信息，而是缺乏驾驭知识和信息的智慧。智慧的核心是思维，思维技能的高低和以何种思维方式思考决定了一个人智慧的高低。思维能力既得自遗传天赋，又有赖于后天的培养。数学阅读与游戏、科技制作与实践探索等都能让学生的思维得到充分的培养，让孩子们燃起思维这盏智慧之灯，照亮多彩人生之路。

第四章 启健：躬体力行强身心 / 153

　　健康不仅要有强壮的体格，而且也需重视心理健康，只有身心健康、体魄健全，才是完整的健康。培养学生健康的身心，需要学校重视并引导学生躬体力行。秀美韵律、乒乓健将、启航足球、心理资本等课程让学生身心兼修，魂魄并铸，泰然自若地面对学习、生活中的挫折和失败，走向幸福的多彩人生。

第五章　启美：美韵迪思净心灵 / 175

中华民族传统文化博大精深，蕴含丰富的美元素：一把剪刀剪出一幅精彩有趣的美好生活画面，让民间艺术在生活中绽放异彩；点撇横捺竖弯中临摹出国粹之精髓，感受着中华书法艺术之魅力；剪贴撕拼刻印中创造出一幅美好的人生意境，体验着版画绘画艺术的别样精彩；美妙的歌曲触动心灵，优美的旋律沁人心脾，唤醒了内心的真善美；美轮美奂的舞步，点播着美的种子，让美在海韵的滋润中延伸；竹木叮咚传民族之音，脚步笃达洒愉悦心声。美的教育在返璞归真，优秀民族传统文化正融入校本课程，践行着培根铸魂的教育使命。

前言　学校文化与课程逻辑

　　在美丽的南国椰城之滨、威武的军营之畔，坐落着一所集"花园、乐园、学园"为一体的特区窗口式学校——海口市第二十七小学。学校前身为育红小学，1963年由中国人民解放军海军38013部队创办，1970年由部队移交地方教育局管理，并改为现名。建校50多年来，学校始终秉承"美好梦想从这里启航"的办学宗旨，在继承传统的基础上创新发展办学思路，确立了"启航教育"之哲学，提出"执爱为舵，扬帆启航"的教育理念，全面践行"培养良好习惯，启航幸福人生"的校训，积极架构"启航课程、启航课堂、启航研训"三位一体的教育实践体系，着力营造"孩童有梦、师长有志、学校有韵"的启航新校园，取得了卓越的办学成效。学校曾先后被评为全国德育先进学校、全国爱国拥军模范单位、全国精神文明建设先进单位、全国未成年人思想道德建设先进单位、全国海洋意识教育基地校、全国课题实验先进学校、全国少年军校示范校、全国优秀家长学校、全国少先队优秀集体、全国少儿校园足球特色学校、海南省文明校园、海南省课改样本校、海南省校本研训基地校、海南省国防教育基地校、海南省科普教育示范校，是海南省首批命名的示范学校，并连续2次荣获海南省基础教育教学成果一等奖，2014年10月荣获全国基础教育教学成果二等奖。今天的海口市第二十七小学，启航教育品质彰显，多彩梦想四溢飞扬，成为一所社会赞誉、家长信任的品质学校。

　　"启航教育"是启动美好梦想的教育，是学校文化传承的灵魂，是撬动学校内涵发展的核心，是学校推进素质教育、落实特色办学的方法论。我们认为，每一个孩子都是一艘有梦的航船，学校是梦想启航的地方。启航教育以爱为首，引领孩子们健康成长，培养"爱家国、爱学习、爱艺术、爱生活"的品质启航娃。启航教育以寻梦为特色，助力孩子们吹响追寻人生美好梦想的号角，拉开幸福人生航程的序幕。启航教育以"品质启航、智慧启航、习惯启航"为核心内涵，为每一个孩子的终身发展奠基。

我们认为，启航教育是为孩子们习惯奠基的培根教育，是助力孩子们追寻七彩梦想的温暖教育，是直抵儿童灵魂深处的树心教育，是张扬个性、展示自我的魅力教育，是培养孩子们全面发展的多元教育。我们坚信，生命是一艘航船，而梦想起航的地方叫学校，向着美好出发是教育最美的诗篇，为着梦想远航是学校教育的神圣使命，"执爱为舵，扬帆启航"是教育最舒展的姿态。我们期待，有梦、筑梦、寻梦、圆梦这一最完整的教育图式能帮助孩子们实现自己的人生理想，成功抵达梦想的彼岸。

基于"启航教育"的哲学原理，我们将学校课程模式命名为"小螺号课程"，并提出"向着梦想远航"的学校课程理念。"小螺号"是学校的"图腾"，孩子们如同沙滩上的一个个小螺号，可爱而又灵动，当一个小螺号悠扬地吹响，千百个相互和应，汇聚成了前进的集结号，而学校就像一艘扬帆启航的轮船，载着梦想、载着希望驶向知识的彼岸，智慧在这里生长，生命在这里绽放。

课程即生命旅程。童年是人生的一段重要生命历程，童年生活应当是曼妙的诗篇。我们应当尊重孩子的个性需求，设计丰富多彩的课程，让孩子们找到属于自己的世界，让童言无忌，让童心飞扬，让童年难忘。

课程即美好未来。学校应该是汇聚美好事物的中心，让不同个性特点的学生在校园生活中拥有同样美好的"相遇"。在这里，遇见成长中的关键人物、关键事件、关键书籍和关键知识。课程是带着生命气息的知识，是美好的拥有，是与自然、与世界的美丽邂逅。一句话，课程是一所学校给予儿童最好的成长礼物！

课程即人生航向。童年似一杯浓浓的咖啡，暖到心窝；童年似一杯淡淡的茶，让人回味；童年似暴风雨后的彩虹，炫丽无比；童年又似那晚霞后的余光，让人怀念；童年似那弯弯的小路，让人成长……课程要让人变得放松，让人感到温暖，让你回想起看似遥远却并不遥远的梦，让你回想起在雨中，那雨儿是跳动的旋律。当你摔倒时，一种力量在看着你，让你回想起在蓝天下放飞纸飞机，放飞一个个让你期待的梦。

课程即精彩演绎。每个人都拥有五彩缤纷的童年，童年是人生最珍贵的东西，它是你一生的开始，拥有它你就拥有一生。学校要为孩子们的成长提供人生最宝贵的东西，要让孩子们展现自己最为精彩的瞬间，让校园处处展现孩子们的生命活力与成长过程，让每一个孩子都能在校园里找到精彩的"自己"。

"小螺号课程"依据国家基础课程、地方特色课程和学校校本课程,构建了启德、启言、启思、启健、启美五大课程模块。"启德课程"模块,指向社会与交往领域,包含道德与法治基础性课程和传统之韵、践履之悟、生命之华等拓展性课程;"启言课程"模块,指向语言与表达领域,包含语文与英语两门基础性课程和"寻根识字"、"随文读写"、"导图习作"等嵌入式课程,以及"快乐的英语短剧场"、"卓越口才"、"英语故事会"等拓展性课程;"启思课程"模块,指向探索与思维,包含数学、科学、信息技术三门基础性课程和"数学阅读"等嵌入式课程,以及"数学与游戏"、"探秘海之南"、"VR实验室"等拓展性课程;"启健课程"模块,指向运动与健康,包含体育与心理健康两门基础性课程和"秀美韵律"、"启航足球"、"乒乓健将"、"心理资本的绽放"等拓展性课程;"启美课程"模块,指向艺术与审美,包含美术、音乐两门基础性课程和"快乐剪纸"、"海韵书法"、"童趣纸版画"、"海韵合唱团"、"海韵舞蹈"、"跃动竹竿舞"等拓展性课程。

在按照德智体美劳全面发展的素质教育思路开发独具特色的学校课程时,我们既注重沿袭历史,也关注时代发展,力求在课程建设中渗透我校的独特校园文化。我们认为,肇始于部队子弟学校的历史渊源是我校的宝贵精神财富,坚持以解放军为榜样,用军人的精神武装学生,用军人的意志锤炼学生,用军人的规范养成学生,用军人的形象感染学生,能使学生人格升华,使学校校风不断净化优化。同时,作为一个地处海南、紧邻海滨的曾经的海军子弟学校,学校在重视中国传统文化和海南本土文化教育的同时,也应该责无旁贷地承担起加强学生的海洋安全意识、国土意识、政策意识以及海洋资源意识、科技意识、环保意识等方面的教育责任。于是,结合学校实际,我们将海军文化、海洋意识、中国传统文化和海南乡土文化元素有机融入学校课程体系中,进而构建起以海洋意识教育为特色,以传统文化教育和乡土文化教育为重点的,覆盖各学科、多形式渗透、内涵融合而又主题鲜明的学校课程系列。

本书的出版既凝聚了二十七小人多年来的智慧结晶,又体现了二十七小人长期对教育的执着追求,在课程改革中的不断探索,更是彰显了学校丰厚的历史传承和文化内涵。

课程,让梦想启航。放眼当下,我们胸涌豪情,一步一个脚印走出了一片天地;展望未来,我们满怀憧憬,勇于挑起历史的责任与现实的担当,从过往中拓影,于耕耘里汲取,在大地上生长,向未知处开辟。我们将继续不忘初心,执爱为舵,驶动二十七小这艘巨轮,承载着可爱的孩子们,吹响螺号,载着梦想、载着希望,向着知识的彼岸,扬帆启航,展示教育最美的姿态!

海口市第二十七小学校长　吴欣

2020 年 5 月

第一章

启德：言修行律德润心

德者，学生立身之本者也，故启航娃之育，立德为先。"生命之华"启迪学生珍爱生命之心，于尊重生命、感悟生命、升华生命中涵筑生命之光华；"传统之韵"品承传统文化之精髓与魅力，引领学生文化之归属与自信；"礼仪之美"扬传统礼仪之蕴，融现代文明之需，引领学生言行以律，育儒雅君子之风；"陶冶之道"重以文化人、以境育德，潜移默化，以德润心；"携手之力"意在举家校社会之齐力，共谋德育之真效；"践履之悟"则引领学生于行万里路中，悟世界、感人生、修自身，知行合一。

生命之华

尊重生命、关爱生命乃教育的根本精神之所在。在教育中，引领学生理解生命、尊重生命、感悟生命、珍爱生命、升华生命，这是教育之髓，也是教育之旨。

【课程背景】

生命教育是教育的一个重要使命，是义务教育阶段不可或缺的一个重要内容。生命教育旨在引导孩子正确认识和对待自己的生命、珍惜生命、热爱生命，同时启发学生积极探寻生命的意义，努力创造生命的价值。此外，生命教育不仅引导青少年关注自身生命，更要引导他们尊重、热爱他人的生命，实现与他人、与自然的和谐共生。因此，生命教育是促进学生全面发展的重要组成部分，为促进学生身心健康、和谐地发展奠定重要基础。

小学生正处于一种特殊的成长阶段，其身心的发展、知识的积累以及认知的能力尚未成熟，思想认知与行为能力之间存在一定的差距，这就导致小学生对生命的理解和认识有限，在面对挫折或危害生命的境遇时无所适从。儿童受虐、校园欺凌、自杀和各种意外事件频频发生，这一桩桩事件让人揪心，尤其近期备受关注的未成年人弑亲事件，都充分体现了生命教育的必要性和紧迫性。

"生命之华"课程以生命教育为主旨，秉承学校培养具有"爱心、聪慧、志趣、阳光"品质的启航娃的教育宗旨，基于"向着梦想远航"的课程理念,以丰富、有趣且有意义的活动为载体,引导学生多方面、多途径地认识到生命的真正意义,学会尊重生命、理解生命、热爱生命,在学生心中播下爱的种子,引导他们树立正确的生命观、人生观和价值观,为最终实现自我价值奠定基础。

【课程目标】

1. 知识和技能目标:通过本课程的学习,学生能够获得生命的来源、生命的发展等相关知识,能更加明晰生命的内涵与特征,并在此基础上获得生理、心理、安全等不同维度的生命知识和自我保护的技能。

2. 过程和方法目标:通过本课程的学习,学生学会正确处理生活中所遇到的困境、挫折,积极调整内心、珍爱生命;同时,学生也增强了在面对危险时的自我保护和自救的能力。

3. 情感态度和价值观目标:通过本课程的学习,学生能够学会尊重生命、珍爱生命,树立积极的生命观、人生观、价值观,真正树立起用己之力做对社会有意义的事的人生观、在有限的生命里奉献自我实现自我的价值观,进而为学生获得积极健全的人格奠定重要的基础。

【课程内容】

本课程内容从生命教育的根本精神和教育宗旨出发,选取符合不同年级学生身心发展特征、人性化、体验性强的教育主题,旨在彰显生命教育的本质内涵与特征。为此,本课程共选取五个模块的内容进行课程构建:

一是生理健康教育。主要向学生介绍生命出现、发展、消失的过程,引导学生正确对待自身的成长与变化,理解生命在时间上的有限、在意义上的无限,进而尊重生命、珍惜生命、热爱生命,积极探求与创造生命的价值与意义。

二是心理健康教育。该部分通过系列专题的设计引导学生在心理上正确认识自我、悦纳自我、赏识自我,同时学会面对成长中出现的各种各样的挫折,能勇敢地面对,并积极地调整自己心理状态,积极解决挫折问题;此外,心理健康教育模块还旨在引导学生学会感恩、勇于奉献,进而建构社会意义上的"大我"。

三是安全教育。利用主题班会、专题讲座、模拟场景演练、视频观看等方式,让学生了解、模拟感受生活中可能出现的一些自然灾害问题、公共安全隐患问题,引导学生建立起自我保护、自我营救的自觉意识,同时引导学生学会在遭遇意外时自我生存、自我保护的基本技能和能力。

四是生态教育。通过图片、视频、实践活动设计等形式引导学生认识自然、感受大自然的美,感受祖国大好河山的魅力,进而培养学生热爱祖国、热爱自然环境的情感,增强环境保护的意识,鼓励环境保护的积极行动。

五是社会教育。通过视频、影片、活动等方式,引导学生学会与他人交往;学习一些社会规则,做一个合格的公民;引导学生理解"我是中国人"的深刻内涵,激发学生的爱国情怀,初步培养起为共产主义事业奋斗终生的人生理想。

"生命之华"课程的具体内容安排如下:

(一)一年级上学期

1. 生理健康教育:"我从哪里来?——生命的诞生"

内容简介:向学生展示和讲解生命来源的相关知识,让学生理解生命的诞生与美好。

课时分配:2课时

2. 心理健康教育:"我不是任性的小皇帝"

内容简介:引导学生学会管理自己的情绪,不任性、会克制。

课时分配:2课时

(二)一年级下学期

1. 生理健康教育:"我的身体"

内容简介:向学生介绍身体的构成,并引导学生学会自我保护。

课时分配:2课时

2. 社会教育:"我和我的好朋友"

内容简介:引导学生学会和他人友好相处,学会和别人交往。

课时分配：2 课时

（三）二年级上学期

1. 安全教育："不和陌生人说话"

内容简介：向学生讲解和陌生人打交道的注意事项，引导学生学会保护自己，预防危险。

课时分配：2 课时

2. 心理健康教育："我会管理时间"

内容简介：引导学生学会合理安排自己的生活与学习，合理分配时间。

课时分配：2 课时

（四）二年级下学期

1. 生态教育："小草也会疼"

内容简介：通过向学生讲述植物、动物的生命特征，让学生更加深刻地理解生命、尊重生命。

课时分配：2 课时

2. 社会教育："我是妈妈的小帮手"

内容简介：引导学生学会感恩父母，并积极参与到家务劳动中来，增强责任感与担当意识。

课时分配：2 课时

（五）三年级上学期

1. 心理健康教育："做我真好"

内容简介：引导学生正确认识自己的优点与不足，肯定自己，悦纳自己。

课时分配：2 课时

2. 安全教育："交通安全我知道"

内容简介：引导学生学习基本的交通安全知识和规则，引导学生注意交通安全，养成良好的交通规则意识。

课时分配：4 课时

（六）三年级下学期

1. 生态教育："植树节，我的绿色行动"

内容简介：借助三月份植树节活动,培养学生的环保意识,积极加入到爱护大自然的行动中来。

课时分配：4 课时

2. 社会教育:"我的祖国"

内容简介：引导学生了解自己的祖国,增强对祖国的热爱与归属感、认同感。

课时分配：3 课时

（七）四年级上学期

1. 生理健康教育:"我长大了"

内容简介：向学生讲述四年级孩子身心的成长与变化特征,让学生更好地了解自己。

课时分配：2 课时

2. 社会教育:"好好说话我不急"

内容简介：基于四年级孩子身心发展特点,引导学生学会和父母、老师、同伴合理沟通与交流。

课时分配：2 课时

（八）四年级下学期

1. 生态教育:"垃圾分类我会做"

内容简介：引导学生学习垃圾分类的相关知识,并在日常生活中积极践行。

课时分配：4 课时

2. 安全教育:"防火演习"

内容简介：通过防火演习让学生学会在火灾中自救,学会保护自己。

课时分配：4 课时

（九）五年级上学期

1. 社会教育:"我是意志坚强的启航娃"

内容简介：通过军训磨炼学生的意志,让学生学会坚强、坚持、有毅力。

课时分配：8 课时

2. 安全教育:"防溺水知识专题"

内容简介:通过防溺水知识的讲解,让学生形成溺水安全意识,并学会一些自救知识。

课时分配:4课时

(十) 五年级下学期

1. 心理健康教育:"考试前我不紧张"

内容简介:引导学生学会面对考前焦虑时进行自我调适的心理知识和策略。

课时分配:4课时

2. 生理健康教育:"身体的小秘密"

内容简介:向学生讲解青春期的相关知识,引导学生正确认识青春期的成长与变化。

课时分配:4课时

(十一) 六年级上学期

1. 生态教育:"水电节约我当先"

内容简介:通过向学生讲解水电资源的现状,引导学生节约水电、常态环保。

课时分配:2课时

2. 心理健康教育:"管理我的情绪"

内容简介:引导青春期的孩子学会合理管理自己的情绪,学会和他人平和地交流与沟通。

课时分配:3课时

(十二) 六年级下学期

1. 安全教育:"校园欺凌怎么办"

内容简介:引导学生学会在面对校园欺凌时合理自救并恰当处理危险情境。

课时分配:4课时

2. 社会教育:"我是中国人"

内容简介:引导学生理解作为中国人的深刻内涵,激发学生内心的归属感、自豪感、责任感和爱国之情。

课时分配：3 课时

【课程实施】

本课程为一至六年级的必修课，共 73 课时，每课时 40 分钟，以六学年为一个教学周期。课程实施依据学校德育"一主""两翼""四常规"的管理制度，本着由各部门分管、落实同时又相互合作的原则开展各项活动。课程材料和教具准备为多媒体、课件、宣传片、微课、活动方案、制作材料等。本课程使用原创自编讲义、多媒体课件、教师范例、德育工作手册等多种教学资源。以校本课程形式教学，由德育处和大队部安排教学时间，教师根据教学内容灵活构建教学细则，根据实际调整教学进度，灵活把握内容的实施，分为生理健康教育、心理健康教育、安全教育、生态教育和社会教育五个模块开展教学。具体实施如下：

（一）生理健康教育模块

1. 低年级段：向学生展示和讲解生命来源的相关知识，让学生理解生命的诞生与美好，向学生介绍身体的构成，并引导学生学会自我保护；

2. 高年级段：主要向学生讲解青春期的相关知识，引导学生正确认识自身的成长与变化。

（二）心理健康教育模块

1. 低年级段：通过角色扮演、录像和正面诱导相结合的教学方式，引导学生认清任性的害处，努力塑造良好的个性，使学生成为身心健康的一代新人；通过在学生中展开分组讨论"如何管理好自己的时间"，同时邀请师哥师姐们向学生讲述自己正确管理时间的方法，从而让学生自己总结出适合这个年龄段的时间管理的方法。

2. 中年级段：利用学生生活资源，设置生活情景，引导学生与自己的生活经验对接，以学生了解自己为突破口，进行模拟操作，通过看一看、说一说、做一做、演一演等形式体验生活，让学生正确认识自己的优点和缺点，以欣赏自己为快乐。

3. 高年级段：利用情景模拟的形式，引导学生正确面对和处理考试前焦虑的问题，并引导学生做到三点：一是对自己所面临的事物要有充分的思想准备和精神准备；二是要对自己有所了解；三是保持良好的精神状态和身体状态。从而正确面对每次考试。青春期学生的特点是情感丰富、易动感情、渴望理解、好交朋友，通过案例分析，引导青春期的孩子学会合理管理自己的情绪，学会和他人平和地交流与沟通。

（三）安全教育模块

1. 低年级段：不要和陌生人说话。通过视频学习和模拟场景演练的方式，向学生讲解和陌生人打交道的注意事项，学会保护自己，预防危险。

2. 中年级段：交通安全教育、火灾消防演练。通过案例分析和视频学习，引导学生学习基本的交通安全知识和规则，引导学生注意交通安全，养成良好的交通规则意识。由后勤组副校长王晓燕负责策划，安全岗老师和班主任配合，全校学生进行安全演练，通过演习让学生学会在火灾中自救，学会保护自己。

3. 高年级段：防溺水、防校园欺凌主题班会。德育处制作主题班会PPT，发到班主任工作微信群，让班主任在周会课进行教育并开展学生讨论。通过防溺水知识的讲解，让学生形成溺水安全意识，并学会一些自救知识。另外，引导学生学会在面对校园欺凌时合理自救，并恰当处理危险情境。

（四）生态教育模块

1. 低年级段：小草也会疼。通过模拟表演、亲身实践等过程，培养学生热爱自然、保护花草树木、保护生态环境。通过看图片资料，懂得花草树木能净化空气美化环境。通过向学生讲述植物、动物的生命特征，让学生更加深刻地理解生命、尊重生命。

2. 中年级段：植树节活动和垃圾分类。借助三月份植树节活动，培养学生的绿色环保意识，积极加入到爱护大自然的行动中来。通过垃圾分类主题班会，让学生了解生活垃圾的危害，认识到垃圾分类的必要性，学会垃圾分类方法，并在日常生活中积极践行。

3. 高年级段：水电节约我当先。通过图片收集、整合和对材料的讨论、交流等过程，让学生深刻体会到水电与人类生存的关系，认识到节约水电、合理使用水电的重要性。通过课外拓展，让学生撰写"节约能源提倡书"等，号召学生做一个节约水电的文明使者，把节约水电常态化。

（五）社会教育模块

1. 低年级段：我和我的好朋友。通过制作"交友卡"，引导学生感受到和朋友在一起的快乐，引导学生学会和他人友好相处，学会和别人交往；通过课件，让学生学习一些交朋友的方法，提高学生的交往能力。我是妈妈的小帮手，结合"母亲节"制作感恩卡，明白妈妈是给予自己生命的人，懂得妈妈为自己和家庭的付出，引导学生学会感恩父母、并积极参与到家务劳动中来，增强责任感与担当意识。

2. 中年级段：好好说话我不急。通过"对着镜子说话"的活动，引导学生体验好好说话给自己和他人带来的愉快心情，了解说话时要面带微笑，说话前要先想好，说话不能急躁，且要为他人着想。引导学生学会和父母、老师、同伴合理沟通与交流。

3. 高年级段：我是意志坚定的启航娃。通过军训磨炼学生的意志，让学生学会坚强、坚持，磨练学生的意志。通过组织学生分年级、分批次观看教育局指定的爱国主义影片，引导学生了解作为中国人的深刻内涵，激发学生内心的归属感、自豪感、责任感和爱国之情。

【课程评价】

本课程主要采用过程性评价、结果性评价和综合性评价三种形式。通过三种形式的评价过程，了解学生对生命教育相关知识的掌握程度，了解学生处理生活中的困境、挫折的能力，了解学生面对危险时的自主意识、自救能力等方面的情况。同时，利用家校互助网络平台，让家长关注孩子的课程开设情况，给孩子提供成长条件，让孩子在学习过程中体验学习的快乐与成就感，激发孩子学习的积极性和参与性，树立积极乐观的生活态度，激发热爱生活、热爱祖国的情怀，初步树立起为社会、国家奉献终生的人生理想。

1. 过程性评价

教师将会在每个活动中开展一次过程性评价，主要采用自评和他评（家长、教师、同学）相结合的方式。总评分前 10 名的同学，评为班级"启航之星"，个人积分每次加 5 分。

班级"启航之星"评价表

评价指标	分值	自评	家长评价	小组评价	教师评价
是否了解生理、心理、安全等不同维度的生命知识	30				
是否能正确面对生活中的各种考验	20				
是否掌握自我保护的技能	30				
是否学到正确的人生观和价值观	20				
总评					

2. 结果性评价

期末进行学习考核，通过理论知识和场景模拟两方面进行考核。理论考试为主，场景模拟考核为辅，累计分值评价（总分 100 分，理论 60%，实操 40%），评价结果分优秀（90—100 分）、良好（80—89 分）、中等（70—79）、及格（60—69 分）四个等级。根据评分等级，分别获得积分 20 分、15分、10 分、5 分。

3. 综合性评价

一个学期结束时，教师对学生整个学期的表现进行集中考核，根据出勤率（每节课由老师指定的学生负责登记出勤率，出勤一次算 2 分）、班级"启航之星"评价表总分和结果性评价积分三项综合评分，给总评分前10 名学生颁发学校"启航之星"奖状。

（课程开发者：陈忠曼）

传统之韵

传统文化是五千年中华文明的积淀与凝练,引领学生学习、感悟、传承传统文化,不仅能培养学生的文化归属感与自豪感,还有利于中华文明的绵延与昌盛。

【课程背景】

中国传统文化是中华民族文明成果的凝练,是中华民族在漫长的历史发展过程中所沉淀的优秀文化知识、道德思想、精神观念的总和。它所蕴含的丰富的文化精神与思想不仅是当今我国社会发展的重要根基与支撑,同时也是当今我国教育传承与发展的重要内容与精神指引。因此,将中华民族的优秀传统文化纳入中小学教育中,让学生领悟传统文化的历史渊源、文化精髓与深厚底蕴,不仅能培养学生的民族自豪感与归属感,树立文化自信,同时也会激发学生传承传统文化的主动性与积极性,进一步促进中华民族文化的源远流长。

当今时代,社会发展迅速,信息爆炸,人们在快节奏的生活中被各种快餐化、娱乐式文化所包围,而对中国优秀传统文化的关注和传承逐渐被削弱。这不仅使得当今的社会发展失去了文化之根的滋养与支撑,也使得教育迷失了方向与根基。另外,对孩子的成长而言,传统文化中很多对孩子人格养成、言行规范有着重要教育价值的内容被关注、挖掘不够,这也失掉了众多经典的教育资源。因此,充分重视我国传统文化中的精华,并将其融入教育活动的方方面面,是当前教育发展的重要任务与使命。

"传统之韵"课程正是基于培育具有"爱心、聪慧、志趣、阳光"品质的启航娃的办学理念,基于"重视传统文化,弘扬民族文化"的教育责任与社会担当,在校园中通过传统节日、传统民俗、历史人物、传统文学、传统美食、民族乐舞等系列专题设计对我国优秀传统文化进行多维度、多视角、多形式的挖掘和开发,引领全校师生共同参与,更好地理解传统文化、民族精神,让传统文化元素自然地浸润学生的心田,培养学生的文化情怀、民族情怀、爱国情怀,进而更加深刻地理解和践行社会主义核心价值观。

【课程目标】

　　1. 通过"传统之韵"课程的学习,学生能够多维度、多视角地认识和理解我国传统文化的相关知识,明晰中华民族文化的内涵与特质,进而感受中华民族传统文化的底蕴与魅力。

　　2. 通过"传统之韵"课程的学习,学生能够获得合理认识传统文化、理性对待传统文化的能力,形成尊重传统文化、热爱传统文化、传承传统文化的积极态度与自主意识。

　　3. 通过"传统之韵"课程的实施,学生能对我国优秀传统文化产生认同感、归属感,树立文化自信,进而增强民族自豪感、爱国意识,并自觉地传承民族文化与民族精神。

【课程内容】

　　中国传统文化是中华民族及其祖先所创造的、为中华民族世世代代所继承发展的、具有鲜明民族特色的、历史悠久、内涵博大精深的文化形式与文化积淀。它主要体现为三种形式的文化内容:物质文化、精神文化、制度文化。

　　本课程主要从中国的传统节日、传统民俗、历史人物、传统文学、传统美食和民族乐舞六大维度和模块进行课程建构。

1. "传统节日"旨在引导学生了解我国主要的传统节日有哪些,通过开展丰富多彩的传统节日文化活动,深入挖掘传统节日的文化内涵与教育价值。

2. "传统民俗"意在引导学生了解我国历史上传承下来的一些民俗民风,透过风俗礼仪与风俗习惯,挖掘其背后蕴藏的文化之根。

3. "历史人物"重在引导学生探析我国不同历史时期的一些代表性历史人物,通过对其事迹、代表性思想的讲述,明晰其对我国历史发展的贡献,并为学生树立人生理想与人生规划提供榜样。

4. "传统文学"旨在引导学生通过对我国传统神话故事和古典文学作品的阅读,感受我国传统文学的特色与魅力,并以此为契机感受中华民族的独特精神与品格。

5. "传统美食"意在通过对我国传统经典美食的介绍,引领学生感受我国的饮食文化和审美旨趣,从一个新的视角了解中华民族的历史发展与文化元素。

6. "民族乐舞"则是通过向学生展示、介绍我国的传统乐器、经典乐曲和舞蹈,引导学生感受中华民族的创造能力与审美能力,进而更好地理解中华民族的民族特质。

每学年所开设的专题主要基于不同年级学生的认知发展水平,基本覆盖六个模块,具体课时和教学方法依据不同年级、班级的特点灵活调整。

一至三年级"传统之韵"课程内容一览表

年级	学期	主题	内容	课时
一	上	传统节日	春节的来历;关于春节的儿歌;经典春联诵读	2
		传统民俗	正月拜年	2
		历史人物	汉字缔造者——仓颉	2
		传统文学	中国神话《混沌世界》、《盘古开天地》	2
		传统美食	美食与典故——"年糕"的由来	2
		民族乐舞	了解唢呐,赏析唢呐曲《百鸟朝凤》	2

年级	学期	主题	内容	课时
二	下	传统节日	元宵节的历史由来与传统故事	2
		传统民俗	立春祭农	2
		历史人物	三过家门而不入——大禹	2
		传统文学	中国神话《女娲造人》、《伏羲的火种》	2
		传统美食	美食与典故——"团团如月"的各色汤圆	2
		民族乐舞	黎族《打柴舞》	2
	上	传统节日	中秋节的由来与传说;中秋节诗歌诵读与赏析	2
		传统民俗	中秋赏月与拜月	2
		历史人物	至圣先师——孔子	2
		传统文学	中国神话《燧人氏钻木取火》、《精卫填海》	2
		传统美食	美食与典故——花样"月饼"	2
		民族乐舞	认识二胡,赏析二胡曲《赛马》	2
	下	传统节日	端午的历史渊源	2
		传统民俗	龙舟竞渡与五彩丝线	2
		历史人物	爱国诗人——屈原	2
		传统文学	中国神话《牛郎织女》、《愚公移山》	2
		传统美食	美食与典故——竹叶飘香粽子美;"我会包粽子"活动	2
		民族乐舞	黎、苗族《竹竿舞》	2
三	上	传统节日	重阳节的历史由来与传说;与重阳节有关的诗词赏析	2
		传统民俗	登高辞青	2
		历史人物	千古一帝——秦始皇	2
		传统文学	《三字经》诵读与赏析	2
		传统美食	美食与典故——重阳糕与菊花酒	2
		民族乐舞	认识古筝,赏析筝曲《侗族舞曲》	2
	下	传统节日	清明节的历史渊源;与清明节有关的古诗诵读	2
		传统民俗	寒食禁火与扫墓祭祖	2
		历史人物	书圣——王羲之	2
		传统文学	《三字经》诵读与赏析	2
		传统美食	美食与典故——节令美食:青团	2
		民族乐舞	傣族《孔雀舞》	2

四至六年级"传统之韵"课程内容一览表

年级	学期	主题	内容	课时
四	上	历史人物	盛世英主——唐太宗	2
		传统文学	《弟子规》诵读与赏析	2
		传统美食	美食与典故——饺子	2
		民族乐舞	了解葫芦丝,欣赏葫芦丝曲《阿佤人民唱新歌》	2
	下	传统民俗	三月曲水	2
		历史人物	精忠报国——岳飞	2
		传统文学	《弟子规》诵读与赏析	2
		传统美食	美食与典故——驴打滚	2
		民族乐舞	藏族乐曲《北京的金山上》	2
五	上	传统民俗	七夕乞巧	2
		历史人物	铮铮傲骨——文天祥	2
		传统文学	《西游记》片段赏析	2
		传统美食	美食与典故——清补凉	2
		民族乐舞	认识笛子,赏析笛曲《五梆子》	2
	下	传统民俗	鞭炮驱年	2
		历史人物	虎门销烟——林则徐	2
		传统文学	《红楼梦》片段赏析	2
		传统美食	美食与典故——吹糖人	2
		民族乐舞	蒙古族舞蹈《筷子舞》	2
六	上	传统民俗	小年祭灶	2
		历史人物	天下为公——孙中山	2
		传统文学	《论语》节选赏析	2
		传统美食	美食与典故——腊八粥	2
		民族乐舞	认识琵琶,欣赏琵琶名曲《草原小姐妹》	2
	下	历史人物	一代伟人——毛泽东	2
		传统文学	《诗经》节选赏析	2
		传统美食	美食与典故——佛跳墙	2
		民族乐舞	民间舞蹈《花鼓舞》	2

启德:言修行律德润心

【课程实施】

本课程为一至六年级必修课,每周 2 课时,除了传统节日需要对应节日时间在一至三年级开展以外,传统民俗、历史人物、传统文学、传统美食和民族乐舞五个模块按照顺序在一至六年级开展。课程教具准备为多媒体、课件、视频、音乐、图片等,执教教师根据教学内容灵活构建教学过程、选择教学方法,根据实际情况调整教学进度,灵活把握课程实施。

(一) 传统节日

1. 以小组为单位,通过上网查询、查阅资料等方式了解我国传统节日的来历、习俗及文化内涵。

2. 课上通过教师讲授、师生讨论、小组合作等方式让学生更深刻地认识和领会中国的传统节日,明确不同的节日有不同的文化。

3. 以小组的形式展示学习成果(一、二年级完成剪贴报,三至六年级完成手抄报;月饼、粽子美食 DIY;在对应的节日举行"清明踏青、缅怀先烈"、"粽香飘飘迎端午"、"月是故乡明"等主题的诗歌朗诵大会)。

(二) 传统民俗

1. 课前预习,可以通过上网或者查阅书籍资料等方式,了解传统民俗,在家里和家人进行简单分享,谈一谈自己的家庭是如何进行传统民俗活动的,完成调查表格。

2. 课上通过相关视频、教师介绍、同学分享等方式获取更多信息,小组进行讨论,能深入谈一谈传统民俗活动对我们生活有什么样的影响。

3. 以小组的形式制作传统民俗活动调查表。

4. 活动延伸,可以进行社会实践活动,把学校教育向课堂外延伸,在活动中感受传统民俗的乐趣。

(三) 历史人物

1. 课前预习,可以通过上网或者查阅书籍资料等方式,对历史人物有初步的了解,收集主要信息,写成小纸条,便于交流。

2. 课上通过相关视频、教师介绍、同学分享等方式获取更多信息,小组进行讨论,能以小组的形式总结历史人物的主要事迹、人物特点,以及对学生的影响。

（四）传统文学

1. 课前阅读

课前安排学生提前阅读相关书目,可以自主阅读,也可以家长陪读,家长签名督促。

2. 课中阅读

课中共读。课堂有以下环节：（1）教师以故事为线索引出问题;（2)学生补充分享预习所得;(3)师生讨论分享;(4)拓展。

3. 课后延伸

课后阅读补充、阅读分享等。阅读上课相关资料,可以网上获得,也可以阅读自己购买的读物补充;由家长监督,科任老师安排小组长检查落实。

（五）传统美食

1. 课前布置作业,引导学生自主查阅资料,了解我国传统美食的来源以及背后的历史文化内涵与寓意,透过传统美食投射中国传统文化的丰富与多元。

2. 课上通过图片、视频、教师介绍、同学分享等方式获取更多信息,小组进行讨论、分享所得。

3. 开展美食分享会,学生自己动手制作传统美食,可以邀请家长一起参与,增加亲子互动。

（六）民族乐舞

1. 本课程由音乐老师完成,通过民族乐器展示、民族音乐赏析的方式,引导学生积极参与小组讨论,明晰我国传统的民族乐器有哪些,探讨传统民族乐舞是如何通过旋律、节奏、调式、动作等音乐要素表现出来的。

2. 能够收集一些民族乐器、视频、图片、乐谱等资料,加深学生对音乐与人民社会生活、劳动习俗等关系的了解,并引导学生感受和发现生活中的美与乐。

【课程评价】

本课程主要采用过程性评价、结果性评价和综合性评价的标准。通过这个循序渐进的评价过程，了解学生对传统文化的掌握情况，增强学生学习传统文化的兴趣。从学校、家庭两个方面进行激励，促进家校合力加强孩子对传统文化的关注。具体评价方法如下：

1. 过程性评价

传统节日、传统民俗和历史人物可以进行剪贴报和手抄报的展示，以及诗朗诵、表演、人物模拟等。传统文学、传统美食和民族乐舞可以由科任老师组织阅读分享、写心得体会的方式，月饼、粽子DIY，美食分享会等。采用自评与他评（家长、老师、同学）相结合，按照班级比例选出排名前10％的学生，进行优秀作品展示，并颁发奖状。

"传统之韵"课程评价表

评价指标	分值（总分120分）	评价				
		自我评价	学生互评	家长评价	教师评价	综合评价
是否了解传统文学的基本特点	20					
是否了解传统节日的起源、时间、习俗	20					
能否了解传统美食的典故、做法	20					
是否了解传统人物的故事以及对人们的影响	20					
是否了解传统民俗的活动内容	20					
是否了解民族音乐的风格、形式	20					

2. 结果性评价

传统节日、传统民俗和历史人物这三大模块采用剪贴报和手抄报的展示；传统文学在科任老师的安排下组织阅读分享，撰写心得体会；传统美食举行美食DIY，美食分享会；民族乐舞在元旦汇演上以展示的形式进行演出。累计分值进行评价,选出一定比例的学生给予奖励。

3. 综合性评价

一个学期结束,举行"我心中的传统之美"学生作品展示活动,学生可以通过绘画、手抄报、撰写心得体会、美食分享会和才艺展示会等形式,把自己心中的传统之美表现出来。教师根据学生整个学期的表现集中考核。根据出勤率(每节课前由教师考勤的学生负责登记出勤率,出勤一次算 2 分),学生阅读分享、心得体会、剪贴报和手抄报的完成情况,学期末的展示情况相应加分。根据评价结果的等级,给学生颁发对应的奖励及表扬信,以达到激励学生参与学习的目的。

(课程开发者:李夏)

礼仪之美

"国尚礼则国昌,家尚礼则家大,身有礼则身修,心有礼则心泰",引导学生学习、感悟中华民族的礼仪之美,知礼、学礼、行礼,方能做有君子之范的儒雅启航娃。

【课程背景】

文明礼仪教育是培养学生良好行为习惯和思想道德修养的重要途径,是推进素质教育的重要环节。文明礼仪教育具有德育的内在功能,它既关注学生礼仪知识的获得,又关切学生道德品格的养成;既注重阶段性,又注重连续性;既注重学生认知的改变,又关注学生的内在体验、感悟与践行。这符合了素质教育的内在要求,同时又适应学生身心发展的特点和规律。因此,礼仪教育是基础教育中不可或缺的重要内容。

我校的教育精神与宗旨是"启航教育",即为学生的人生"培根",为学生的良好习惯奠基,从而启航学生的幸福人生。正是基于此教育宗旨,学校通过多元视角、多维学科背景下的课程开设为学生启德、启思、启言、启美、启健,为学生的全面发展启航、奠基。而礼仪教育作为启德的重要内容之一,关切学生在内在道德品质指引下的言行的规范与合宜、举手投足间的儒雅与修养,真正成长为"文质彬彬"的启航娃。

"礼仪之美"课程便是通过系列主题的开设对学生仪容、仪表、仪态、礼节、礼貌等方面进行规范与引领，引导学生关注礼仪、尊重礼仪、学习礼仪、践行礼仪，既了解我国作为礼仪之邦的文化魅力、学习文明礼仪的相关知识，同时在学习、感悟、体验中积极践行礼仪，从而养成言行合宜、举止文雅的君子之范。

【课程目标】

1. 通过"礼仪之美"课程的学习，学生进一步明晰中国作为具有悠久历史的文明古国、礼仪之邦的独特魅力；进一步理解礼仪的重要性，明确礼仪的具体表现和规范内容，并积极指导自身言行。

2. 通过"礼仪之美"课程的学习，学生能够自觉运用所学的礼仪知识规范自己的言行，做到言行合宜、合乎分寸。同时，学生在学习中养成反躬自省、严以律己的习惯，真正做到文质彬彬。

3. 通过"礼仪之美"课程学习，学生能够感受礼仪之美、中国传统文化之美，增强爱国意识与民族自豪感，树立文化自信。此外，学生也能够养成自觉规范言行、修身、立德的自主意识和人生态度。

【课程内容】

"礼仪之美"课程是以"文明礼仪伴我行"为主题，课程内容主要由"'礼'的由来及演变"、"文明礼仪我知道"、"文明礼仪我践行"三大部分构成。

1. "'礼'的由来及演变"主要向学生介绍我国历史上"礼"的发源及其在不同历史时期发展演变的过程。

2. "文明礼仪我知道"主要是引导学生诵读《三字经》、《弟子规》、《小学生守则》、《小学生日常行为规范》等适合小学生身心发展特征的行为规范，让学生的言行"有章可依"，明晰何为真正的礼仪之美。

3. "文明礼仪我践行"则是根据学生年龄特点和认知水平确定文明礼仪教育的具体践行内容，旨在体现科学性、系统性、实践性的特征。礼仪的具体内容则包括仪容、仪态、仪表、礼貌等个人礼仪,同时还包括在公共场所的社交礼仪。通过以上三个部分内容的学习,学生从"我知规范意"到"我遵规范行",让礼仪知识真正内化为学生积极主动的礼貌言行和道德素养,真正做到为"启航娃"启德、奠基。

"礼仪之美"课程内容一览表

年级	学期	主题	内容	课时
一	上	开学礼	学习开学典礼仪式,明晰其中的要求和规范,并自觉遵守	2
		静等老师来	预备铃响起,应迅速回教室入座,做好课前准备;静候老师	1
		我会礼貌用语	掌握问候、致谢或致歉等礼貌用语,如:老师好、您好、谢谢等	2
	下	课间文明休息	课间不喧哗、打闹;轻声慢走;远眺休息双眼	1
		升旗礼	升旗仪式的规范,渗透爱国主义教育	2
		我爱干净	引导学生明白仪表的重要性;保持服装整洁;爱清洁、讲卫生	2
		得体的称呼	能恰当、得体地称呼他人	2
二	上	《小学生日常行为规范》	《小学生日常行为规范》具体内容	2
		"我会坐、立、行"	坐、立、行正确形体姿势	4
		我的身体会问好	掌握微笑、点头、鞠躬等常用体态语	2
	下	我们是好伙伴	知道同学之间应互相关心、互相帮助,友好相处	2
		我会倾听	认识倾听的重要性;倾听时眼睛看着对方,不做其他事,要有所回应	2
		《弟子规》里的"礼"	诵读《弟子规》,发现其中的礼仪规范,并自觉践行	3
三	上	我是受欢迎的客人	知道待客、做客的基本礼节	2
		《三字经》里的"礼"	诵读《三字经》,发现其中的礼仪规范,并自觉践行	3
		参观博物馆的礼仪	遵守秩序,轻声交谈,不打扰他人	2
	下	交通规则我遵守	遵守公共交通规则,不闯红灯	2
		讲礼节的少先队员	掌握肃立、注目礼、少先队队礼等礼仪	3

年级	学期	主题	内容	课时
四	上	课堂纪律我遵守	知道课堂纪律的基本要求,懂得课堂纪律的重要性,能用正反事例说明上课要遵守纪律	3
		"仪容仪表八步曲"	八步曲具体内容:整理头发、鬓角、衣领、红领巾、校卡、扣子;束好上衣;整理裤子	2
	下	我是孝敬父母的好孩子	孝敬应表现在一言一行中:精神上的安慰、情感上的体贴、生活上的照顾	3
		"礼"的由来	"礼"字的演变及文明礼仪的重要性	2
五	上	传统节日礼俗	了解我国的传统节日礼俗	4
		用餐礼仪	知道餐桌上的基本礼仪,文明就餐	2
	下	少数民族风俗我知道	了解并尊重少数民族的风俗习惯	4
		我是文明小使者	在校园里、家里做一个传播文明的小使者	2
六	上	集会"礼"	做到集会时按时入场,遵守会场要求	3
	下	文明出行	遵守公共场所的礼仪规范,做文明游客、文明顾客、文明乘客、文明观众	3

【课程实施】

本课程为一至六年级学生必修课程,文明礼仪教育是养成教育,有"周期长,见效慢"的特点,因此以嵌入式形式开展课程授课,更有利于学生对所学内容的掌握。以学年为周期:一年级共 12 课时,二年级 15 课时,三年级 12 课时,四年级 10 课时,五年级 12 课时,六年级 6 课时。教师自编讲义,运用多媒体、课件等多种教学辅助手段,通过讨论法、直观演示法、练习法等多种教学方法,根据教学内容、实际情况调整教学进度。具体实施如下:

1. "'礼'由来及演变"

"'礼'的由来及演变"这一内容虽是礼仪之美的基础性内容,但因为一、二、三年级学生认知水平的局限,较难理解"礼"的发展史,所以该内容安排在四年级,安排 2 课时。采用演示法、讲解法授课。课时一:通过课件演示"礼"字的发展演变,讲解其相对应时期"礼"的体现,渗透礼仪文化的发展历程,感受到礼仪文化的源远流长。课时二:讲述古代礼仪小故事——曾子避席、孔融让梨、程门立雪、杨香扼虎救亲。通过动画片播放故事,展示并讲述其中的礼仪内容,让学生感受到中国是文明古国,良好的行为习惯即美的行为。

2."文明礼仪我知道"

"文明礼仪我知道"这一内容从一至六年级分层次、有梯度地进行课程内容授课,共计8课时。根据教学内容的不同,选择讲授法、演示法、练习法、讨论法等教学方法。如《三字经》、《弟子规》各安排3课时;《小学生日常行为规范》安排2课时,这三个内容的学习使用讲授法,结合学生的诵读,讲解其中的含义,理解其中蕴含的文明礼仪。以上内容的学习让学生知道在自己身边美的行为具体有哪些,从思想层面认识到文明礼仪的行为即美的行为,并愿意去践行这一美的行为。

3."文明礼仪我践行"

教师根据一至三年级、四至六年级学生年龄和认知水平特点,依据主要内容扩展出每课时相对应的详细内容,通过演示、模仿等方法突出导行为主。除了对应内容固定42课时的课堂学习,还有课后的行为巩固,重在让学生知道应该怎么做,怎样做更好。如"知道保持服装整洁,爱清洁、讲卫生"部分主要通过"仪容仪表八步曲"来展开学习:第一步,整理头发;第二步,整理鬓角;第三步,整理衣领;第四步,整理扣子;第五步,整理红领巾;第六步,整理校卡;第七步,束好上衣;第八步,整理鞋子。课堂操作如下:

(1)说一说:分步骤讲解每一步操作要领。

(2)练一练:以同桌为小组相互之间按步骤整理。

(3)比一比:看谁整理后的仪容仪表更好。

(4)做一做:熟读以上内容,每天进校门前用这八步骤整理仪容仪表。

再如"我会坐、立、行"这一内容安排了4课时进行学习,采取讲授法、演示法、练习法相结合的教学方法。首先课件演示"坐、立、行"的标准示范,配合教师对仪态举止基本要求的讲解;接着采用练习法和交流法引导学生学习正确的站姿、坐姿和行姿。基本环节如下:首先请几名同学到台上站立(或坐好、行走),然后请同学评议;其次,学生观看视频,并跟着学习正确的站姿(坐姿或行姿);最后教师总结男女生站姿(坐姿或行姿)的种类和要求,全体学生跟随视频进行展示。

"文明礼仪我践行"这一主题内容的教学其实更多地是教师要善于小结和发现学生在文明礼仪养成过程中出现的不足,做到"反复抓""抓反复"强化和巩固学生文明礼仪,并内化为自主的言行。这部分的课时安排较为灵活:在固定课时中发现学生掌握不够好的,教师可根据实际多加课时训练;在学习结束后教师还要留心观察学生言行,一段时间内集中攻坚近期学习的新礼仪教育内容,对有所松懈的方面可让学生重新复习、强化。综上,这一主题内容的教学模式可以总结如下:学习具体礼仪内容—练文明礼仪行为—行文明礼仪行为,让学生真切体验良好的行为习惯是美的行为,并产生持久的行动力进而养成良好的行为习惯。

【课程评价】

文明礼仪的学习对学生的成长而言是一个综合性的成长过程。它既有新知识的活动,又有能力的提升,同时还有礼仪学习所引发的学生在情感、态度、价值观方面的变化与提升。正是鉴于此,本课程拟采用结果性评价、过程性评价和综合性评价相结合的评价体系,既考查学生礼仪知识的学习与认知情况,同时通过过程性评价考查学生文明礼仪的内化、践行情况;此外还通过综合性评价考核学生在礼仪教育之后的综合表现与素养提升。

(一)结果性评价

礼仪知识的考核,通过竞赛的形式进行,提高学生的参与热情。示例如下:

文明礼仪知识

班级　　　　　姓名　　　　　成绩

判断题（100分，每题10分）

1. 早晨进校见到老师，要行礼问早、问好。（　　）

2. 进办公室时，喊声"报告"后就可进入。（　　）

3. 遵守交通法规，走路靠右行，遇到车辆应自觉让行。（　　）

4. 与同学发生争执时应先冷静，理智面对。如果解决不了应及时找老师帮助或与同学协调。（　　）

5. 保护好学校的公共设施，应该做到不在墙上乱写乱画，不在课桌椅上乱写乱画，不用脚踹门。（　　）

6. 在楼道或进出门、上下楼梯时与老师相遇应主动打招呼，但不必让其先行。（　　）

7. 与他人交谈完毕就可以立即转身离开。（　　）

8. 要想在社会中增强竞争能力，不但要掌握一定的专业技能，还要有良好的礼仪修养。（　　）

9. 升国旗时应肃立站好，如有人与你交谈，你应该不予理睬。（　　）

10. 与人交往，要语言文明，不说脏话。（　　）

文明礼仪知识

班级　　　　　姓名　　　　　成绩

选择题（100分，每题5分）

1. 升国旗时应（　　）。

　　A. 肃立、脱帽　　　B. 肃立、脱帽、行注目礼

C. 肃立、脱帽、行注目礼,少先队员行队礼

2. 写字时"三个一"的要求是一拳、一尺、(　　)。

    A. 一寸　　　　　　B. 二寸　　　　　　C. 三寸

3. 《小学生日常行为规范》第五条的内容是(　　)。

    A. 尊敬师长,见面行礼,主动问好,要用尊语,不直呼其名

    B. 孝敬父母,关心父母身体健康,主动帮助父母做事,听从父母和长
       辈的正确教导,外出或回家要打招呼

    C. 待人有礼貌,说话文明。讲普通话,会用礼貌用语。不骂人,不打
       架。到他人房间要先敲门,经允许再进入,不随意翻动别人的物
       品,不打搅别人的工作学习和休息

4. 未经(　　)同意不要随便动用他人物品,也不要随便翻阅别人的书
   籍、作业、日记。

    A. 老师　　　　　　B. 本人　　　　　　C. 家长

5. 学生进老师办公室(　　)。

    A. 敲门就可进入　　B. 随意翻找东西　　C. 敲门经允许方可进入

6. 教师节是(　　)。

    A. 9月10日　　　　B. 9月9日　　　　C. 5月12日

7. 在公共汽车、地铁、火车、飞机上或剧院、宴会等公共场所,朋友或熟
   人间说话应该(　　)。

    A. 随心所欲　　　　B. 高谈阔论　　　　C. 轻声细语,不妨碍别人

8. 别人为你服务,帮你做事,无论给你的帮助多么微不足道,都要说
   (　　)。

    A. 谢谢　　　　　　B. 请　　　　　　C. 对不起

9. 母亲节是(　　)。

    A. 5月份第二个星期日

    B. 3月份第二个星期日

    C. 6月份第二个星期日

10. 残疾人是一个特殊的群体,我们应该(　　)。

    A. 回避疏远　　　　B. 可怜同情　　　　C. 关心帮助

11. 在图书馆和阅览室阅览完毕后,应( )。

    A. 随便放   B. 放回原处   C. 放在桌子上

12. 接电话时第一句话应说( )。

    A. 喂,你找谁?   B. 您好!请问您找哪一位?

    C. 谁呀?干嘛?

13. 递物品一般应该用( )递上。

    A. 随意   B. 单手   C. 双手

14. 佩戴红领巾时,应( )。

    A. 把红领巾系在衣领下面

    B. 将红领巾直接接触脖子

    C. 穿无领衫可以戴红领巾

15. 日常生活中邻里之间应( )。

    A. 互尊互谅   B. 互不来往   C. 不必考虑邻里关系

16. 老人节是( )。

    A. 端午节   B. 中秋节   C. 重阳节

17. 乘坐公共汽车和地铁列车时应排队候车,先下后上,要礼让妇女、小孩、残疾人和( )。

    A. 青年人   B. 中年人   C. 老年人

18. 如需吐痰,应( )。

    A. 把痰吐在垃圾桶上层的碎石层

    B. 把痰吐入纸巾再丢入垃圾桶

    C. 把痰吐在草地上

19. 看完体育比赛后,如果身边有杂物你应( )。

    A. 带走自己的垃圾或杂物

    B. 连邻座的垃圾和杂物一并带走

    C. 起身就走

20. 在商场、超市中挑选到购物篮中的商品,经考虑又不需要了,应将商品( )。

    A. 放回原处   B. 随手放到货架上   C. 放在地上

（二）过程性评价

结合学生每一个专题的学习情况进行分项评价与考核，专题内容不同，考核的内容与形式也会不同，以"文明礼貌用语"这一专题为例，在学生学习结束后，可以让学生根据学到的内容，将其编成童谣，如：

你拍一，我拍一，助人为乐要牢记。

你拍二，我拍二，关心他人最宝贵。

你拍三，我拍三，尊老爱幼乐助残。

你拍四，我拍四，相互学习共促进。

你拍五，我拍五，是非分明搞清楚。

你拍六，我拍六，集体的事放心头。

你拍七，我拍七，清洁劳动要自理。

你拍八，我拍八，爱护公物不折花。

你拍九，我拍九，保护环境不乱丢。

你拍十，我拍十，爱心基础打扎实。

再以"我会坐、立、行"为例，可以设计以下内容：请根据以下情景说一说，并完成相对应动作展示。

1. 在教室上课，回答老师的提问时应该怎么做？

2. 参加升国旗仪式，应该怎样站立？

3. 在公交车上遇到老人，你会怎么做？

4. 上下楼梯怎样行走？

（三）综合性评价

结合学生每一周的礼仪学习和行为表现，由教师、家长、同学、学生本人共同做出评价。评选流程：每周评选"班级启航之星"，学期末评选"年级启航之星"。评分标准：评分为100分制，平均分达到90分或以上者按分数排名评出前10名，制作"班级启航之星"卡在班级宣传栏中展出一周。学期末各班根据"班级启航之星"获得次数的排名，从高到低选取5名同学参加"年级启航之星"的评选，评选出来的同学将"启航之星"卡展示在校宣传橱窗中。评选目的：每周专项的"班级周启航之星"评选，采用自评与他评相结合的方式，即自我评价、同伴互评、教师评价与家长评价相互配合。这个过程中突出家校配合,更好地让学生掌握文明礼仪知识和养成文明礼仪好习惯。自评是学生对自己的言行有一个反思的过程,通过他评更进一步知道自己的言行好的地方是哪些,不足在哪,明确下一步努力的方向。具体评价如下:

"班级周启航之星"评价表

评价指标	分值	评价			
		家长评价 30%	同伴评价 20%	自我评价 20%	教师评价 30%
团结友爱	20				
尊师爱校	20				
礼貌用语	20				
仪容仪表	20				
讲卫生	20				

(课程开发者:罗文媚)

陶冶之道

德育是对学生人格、品性的启迪与涵养,它不仅需要知识的积淀和感悟,还需要多元教育力量、教育文化的综合影响,真正做到以文化人、以境育德、潜移默化、德润心间。

【课程背景】

德育是对学生人格的启迪与涵养,是对学生内心世界和精神世界的引领与指引。而且,学生作为身心正在成长和发展中的人,其道德成长与人格发展多为隐性的、复杂的,因此,对学生实施道德教育仅仅靠单一的讲授、班会课是远远不够的。德育实施的路径应该是多元、多维、立体化的。除了思想政治课的教化与指引、渗透在各学科教学中的道德启迪,另外一个重要的途径就是通过"随风潜入夜,润物细无声"的校园文化、班级文化对学生进行道德熏陶和浸润。这是一种非常重要的隐性的教育力量。

校园文化是一种具有强大生命力的隐性课程,它通过学校的物质文化、精神文化和制度文化对学生的人格、精神、人生价值实施潜移默化的指引。无论是学校的校园布置,还是学校的校训、管理规范与制度,抑或教师的言行风范都会对学生们形成春风化雨般的影响与熏陶。因此,校园文化建设是学校发展与变革必不可少的重要维度和精神内核。此外,优秀的、特色化的班级文化建设既能为学生增添学习的乐趣,同时也能潜移默化地陶冶学生的情操,启迪学生对人生的思考。积极向上、优美怡人的校园文化和班级文化有利于规范学生的一言一行,同时引导学生学会与他人的合作与交往,引导学生树立正确的人生观、世界观、价值观。

"陶冶之道"课程的设计正是基于学生人格发展需要多元因素的综合影响、道德教育路径的多元化特点,通过系列主题的设计,构建积极向上的校园文化和班级文化,营造良好的校风与班风,在潜移默化、春风化雨中引导学生人格的发展与道德品质的提升,为真正实现我校"培养良好习惯,启航幸福人生"的校训和教育理念打下坚实的基础。

【课程目标】

1. 知识与技能目标:通过本课程的开展,学校加强在校园文化、班级文化等隐性教育因素方面的建设,学生能够在潜移默化中学习到关于品德提升、价值辨析、传统文化传承等方面的知识,这有利于学生道德认识、道德理解水平的提升。同时也为学校的特色化建设与发展提供重要的契机。

2. 过程与方法目标:通过校园文化、班级文化对学生潜移默化的影响,学生在提升道德认知水平的同时,逐渐提高是非辨别、善恶澄清、道德自省的能力,这对于学生的道德成长而言是终身受益的。

3. 情感、态度、价值观目标:通过系列主题设计,学校充分发挥校园文化、班级文化春风化雨的道德浸润作用,在无形中引领学生人生观、价值观、世界观的澄明与良好发展,进而为学生道德人格的养成和全面发展打下重要的基础。

【课程内容】

"陶冶之道"的课程设计重在从两大维度营造对学生道德人格发展的陶冶之道,营造积极向上的道德氛围和成长环境。维度之一:加强校园文化建设。通过多维度、多形式的校园文化活动开展,营造学生成长的陶冶之境。维度之二:加强班级文化建设。通过多元形式的班级文化建设,为学生打造一个乐观、积极、正向的道德成长氛围。其中,校园文化建设和班级文化建设下又各开设"环境文化建设"、"理念文化建设"、"规范文化建设"三大模块的系列专题。学校会根据每年的整体教育计划,灵活开展这些主题活动。

"陶冶之道"课程的具体内容安排:

(一)一年级上学期

主题1:"教室的四壁会说话"

内容简介:教师引导和组织学生选择一些对言行习惯有启迪作用的名言、画作等进行班级环境布置;教师对这些进行讲解。

时间安排:开学两周内

主题2:经典诵读《弟子规》上卷

内容简介:诵读《弟子规》上卷,引导学生理解并讨论一些言行规范,并积极落实到自己的言行习惯中去。

时间安排:每天早上晨读10分钟

主题3:主题班会"好孩子要诚实"

内容简介:给学生讲解诚实的重要性,并在平时生活中养成诚实的好习惯。

时间安排:2课时

(二)一年级下学期

主题1:"我们班的名字很特别"

内容简介:每个班级发挥学生的聪明智慧集体讨论一个特色化的名称,在无形中增强学生的主体性、参与性、归属感。

时间安排:2课时

主题2:经典诵读《弟子规》下卷

内容简介:诵读《弟子规》下卷,引导学生理解并讨论一些言行规范,并积极落实到自己的言行习惯中去。

时间安排:每天早上晨读10分钟

主题3:主题班会"课间文明,从我做起"

内容简介:引导学生学习并践行课间休息礼仪与规范。

时间安排：2课时

（三）二年级上学期

主题1："我们班的全家福"

内容简介：在教室的一面墙壁上展示班级的各类主题的合影，让学生理解"集体"的内涵，产生对班级的认同感与归属感。

时间安排：3课时

主题2：经典诵读《三字经》上卷

内容简介：诵读《三字经》上卷，引导学生理解并讨论一些言行规范，并积极落实到自己的言行习惯中去。

时间安排：每天早上晨读半小时

主题3："校训我知道"

内容简介：给学生讲解校训的内容，并通过小故事、案例等引导学生理解校训的内涵与来历。

时间安排：2课时

（四）二年级下学期

主题1："班级公约"

内容简介：引导全班同学一起制定班级的规范和公约，发挥学生的主体性和主人翁的精神，并切实指导自身的言行。

时间安排：2课时

主题2：经典诵读《三字经》下卷

内容简介：诵读《三字经》下卷，引导学生理解并讨论一些言行规范，并积极落实到自己的言行习惯中去。

时间安排：每天早上晨读半小时

主题3："校徽里的故事"

内容简介：给学生讲解校徽的构成与内涵，通过小故事引导学生理解校徽背后的故事与学校的教育精神。

时间安排：2课时

（五）三年级上学期

主题1："我们班的口号"

内容简介：引导全班同学一起提炼本班的口号，用来对学生进行激励和鼓舞。

时间安排：2课时

主题2：经典诵读《笠翁对韵》卷一

内容简介：诵读《笠翁对韵》卷一，引导学生感受中国传统语言文字和思想的魅力。

时间安排：每天早上晨读10分钟

主题3："我是启航娃"

内容简介：通过小故事、小活动、案例等引导学生理解"启航娃"的内涵与意义，明晰自身的成长目标。

时间安排：2课时

（六）三年级下学期

主题1："我们班的'文化墙'"

内容简介：根据学生年龄特征和认知水平布置"文化墙"；主题要鲜明，彰显班级个性；激发学生主动参与，体现学生的主人翁意识；经常更新，保持对学生的激励作用。

时间安排：8课时

主题2：经典诵读《笠翁对韵》卷二

内容简介：诵读《笠翁对韵》卷二，引导学生感受中国传统语言文字和思想的魅力。

时间安排：每天早上晨读10分钟

主题3："校园文化长廊"

内容简介：通过对学校文化长廊的建设，寓教于美、寓教于德，让学生在每天的文化浸润中理解学校的文化理念与教育精神。

时间安排：每天的文化熏陶与陶冶

（七）四年级上学期

主题1："班里的分工与责任"

内容简介：引导学生理解集体需要大家的共同努力和配合，要明晰自身分工与职责，勇于担当。

时间安排：2 课时

主题 2：经典诵读《国学漫画》(《大学》)

内容简介：诵读《国学漫画》中的《大学》卷，引导学生感受中国传统语言文字和思想的魅力。

时间安排：每天早上晨读 10 分钟

主题 3："中华书法之韵"

内容简介：引导学生学习书法，感受中华民族的文字之美，并透析背后的文化之美。

时间安排：每个月两次，每次 2 课时

（八）四年级下学期

主题 1："拐角书吧"

内容简介：在学校的拐角处建立小型读书吧，让学生养成爱读书的意识和习惯，理解"学无止境"的深刻内涵。

时间安排：日常的文化熏陶与习惯养成

主题 2：经典诵读《国学漫画》(《中庸》)

内容简介：诵读《国学漫画》中的《中庸》卷，引导学生感受中国传统语言文字和思想的魅力。

时间安排：每天早上晨读 10 分钟

主题 3：主题班会"我爱美丽的校园"

内容简介：引导学生养成发现美、感受美的意识与能力，发现校园文化之美，发现对自己有启迪意义的元素。

时间安排：2 课时

（九）五年级上学期

主题 1："班级'梦想角'"

内容简介：引导学生思考自己的理想，并把它写下来贴在班里的梦想角上，激励学生每天要为梦想不断努力。

时间安排：4 课时

主题 2：经典诵读《国学漫画》(《论语》)

内容简介：诵读《国学漫画》中的《论语》卷，引导学生感受中国传统语言文字和思想的魅力。

时间安排：每天早上晨读 10 分钟

主题 3："我爱我的祖国"演讲比赛

内容简介：借助国庆节的契机激发学生对祖国的热爱之情和归属感、自豪感；同时丰富学校精神文化。

时间安排：4 课时

（十）五年级下学期

主题 1："班级'助人为乐小明星'"

内容简介：引导学生从日常的生活小事着手，做一个正直、善良之人。

时间安排：日常行为习惯的养成

主题 2：经典诵读《国学漫画》（《孟子说》）

内容简介：诵读《国学漫画》中的《孟子说》卷，引导学生感受中国传统语言文字和思想的魅力。

时间安排：每天早上晨读 10 分钟

主题 3："校歌的力量"

内容简介：通过反复吟唱校歌，让学生感受学校的精神与魅力，感受学校对学生的爱。

时间安排：4 课时

（十一）六年级上学期

主题 1：主题班会"文明与素质"

内容简介：引导学生学习和理解何为文明与素质，文明与素质又是如何具体表现的，如何自觉践行。

时间安排：2 课时

主题 2：经典诵读《假如给我三天光明》

内容简介：通过这篇文章的学习，引导学生理解生命的珍贵，学会尊重生命、热爱生命，并做好自己的人生规划。

时间安排：3 课时

主题 3："海南地域文化的传承"

内容简介：通过文化长廊、文化艺术节等活动，引导学生学习、感受海南本土文化,传承本土文化。

时间安排:8课时

(十二)六年级下学期

主题1:主题班会"我长大了"

内容简介:引导学生理解青春期,正视自己的成长与不足,既悦纳自己,又学会尊重他人。

时间安排:2课时

主题2:经典诵读《钢铁是怎样炼成的》

内容简介:通过阅读国外经典,引导学生正确面对自己的人生和挫折,心中有所坚守,不断磨练意志,学会坚强。

时间安排:每天早上晨读10分钟

【课程实施】

本课程为一至六年级的必修课,根据课程内容、年级的不同,时间安排也不同,以一学年为一个教学周期。具体实施如下:

一年级上学期:

1."教室的四壁会说话":开学的第一天,班主任要先组织学生学习教室黑板右上方粘贴的学校常规要求"三清、三齐、三静、三好"。接着引导学生想一想,我们班的教室墙壁还需要粘贴哪些名人名言或画作?根据学生的建议,教师和学生在两周内完成班级的文化建设,让教室的四壁能够制约学生的行为,培养学生良好的习惯。

2. 经典诵读《弟子规》上卷:(1)报名那天召开第一次家长会,提醒家长给孩子统一购买《弟子规》读本,并告知家长,本学期将进行《弟子规》的经典诵读。(2)教师按照计划(本学期的诵读内容从"总叙"到"出则悌",每周要求读《弟子规》24个字),让学生早上一来到学校就开始诵读《弟子规》,培养学生爱阅读的好习惯。

3. 主题班会"好孩子要诚实":班主任在平时的校园生活中,善于抓住学生有关诚实守信的事件,把事件进行记录、保存,并在期中考试前一周的班会课上进行展示，上好主题班会"好孩子要诚实"。在学期结束前利用班会课的时间，又一次进行反馈、总结。

一年级下学期：

1. "我们班的名字"：在开学的第一周，利用一节班会课的时间，发挥学生的聪明智慧集体讨论本班的名字。确定名字后，再让学生发挥想象进行班徽的设计。

2. 经典诵读《弟子规》下卷：教师按照计划（本学期的诵读内容从"谨"到"余力学文"，每周要求读《弟子规》24 个字），让学生早上诵读 10 分钟。

3. 主题班会"课间文明，从我做起"：利用开学初班会课的时间引导学生要注意课间文明。要求做到课间不奔跑、不打闹、不大声喧哗等文明行为习惯。

二年级上学期：

1. "我们班的全家福"：在开学的第一周，班主任就要利用班会课时间，给学生播放一年级时的集体活动照片，让学生回顾过去一年学校的快乐时光。再让学生谈谈，在这些照片中，哪张照片最吸引你？最后老师选择几张最受学生欢迎的照片，打印粘贴在教室的墙上，让学生产生对班级的认同感和归属感。

2. 经典诵读《三字经》上卷：在开学初，请家委会成员帮忙购买《三字经》读本，并要求学生在晨读时间诵读《三字经》10 分钟，每周要求读《三字经》24 个字。

3. "校训我知道"：利用第二周的班会时间，给学生讲解校训的内容，让学生从一些小故事中去了解校训。

二年级下学期：

1. "班级公约"：在开学的第一周，班主任要引导学生一起制定班级公约，让学生各抒己见，发挥学生的主人翁精神。在平时的校园生活中，也要时刻提醒学生遵守班级公约。

2. 经典诵读《三字经》下卷：教师按照计划（本学期的诵读内容从"经子通"到"宜勉力"，每周要求读《三字经》24 个字），让学生早上诵读 10

分钟。

3. "校徽里的故事"：利用第二周的班会课,给学生讲解校徽的构成与内涵,要通过一些小故事去讲解。

三年级上学期：

1. "我们班的口号"：开学第一周,班主任要引导学生一起提炼本班的口号,用于平时对学生的激励。

2. 经典诵读《笠翁对韵》卷一：在开学初,请家委会成员统一购买《笠翁对韵》,本学期诵读的内容是从"一东"到"十五删"。

3. "我是启航娃"：在第二周、第三周的班会课上,教师通过一些小活动、小案例引导学生理解"爱心、聪慧、志趣、阳光"的"启航娃"的内涵和意义,理解我校启航娃的育人目标和教育精神。

三年级下学期：

1. "我们班的文化墙"：在开学第一周,班主任要利用班会课的时间让学生参与到班级的文化建设中,布置班级的文化墙,对学生进行常规化、潜移默化的文化浸润与熏陶。

2. 经典诵读《笠翁对韵》卷二：本学期诵读的内容是从"一先"到"十五咸"。教师一定要确保学生每天10分钟的诵读,通过诵读传统经典,感受我国传统文化的魅力与精髓。

3. "校园文化长廊"：教师可以利用课余时间,带着学生在校园文化长廊里走一走,感受一下校园文化,让文化学习常规化、日常化。

四年级上学期：

1. "班里的分工与责任"：在开学第一周,教师要利用班会课的时间,对班里的大小事情进行分工,做到事事有人做、人人有事做,让学生参与到班集体中来。要求学生明确自己的责任,主动承担班级的各项任务,让学生理解集体需要大家的共同努力和配合。

2. 经典诵读《国学漫画》《大学》：开学初,让家委会成员统一购买《国学漫画》《大学》读本,并要求学生每天诵读10分钟,每两周进行读书分享,学期末进行简单的小测试,确保学生的阅读,让学生感受中国传统文学。

3. "中华书法之韵":每周一节的写字课,教师要引导学生学习书法,每次授课的内容不宜过多,每节课上只需要写好 8 个同结构的字即可,让学生感受中华民族的文字之美。

四年级下学期:

1. "拐角书吧":教师在每月的月底要根据学校的安排,带领学生到学校的拐角处建立起来的小型书吧去阅读,让学生养成爱读书的习惯。

2. 经典诵读《国学漫画》(《中庸》):开学初,让家委会成员统一购买《国学漫画》(《中庸》)读本,要求学生每天诵读 10 分钟,每两周进行读书分享,学期末进行简单的小测试,确保学生的阅读,让学生感受中国传统的思想魅力。

3. 主题班会"我爱美丽的校园":教师在第二周的班会课上,带领学生到校园里走走,让学生感受校园的美,接着让学生介绍校园里的哪个环境吸引了自己,让学生养成发现美、感受美的意识与能力。

五年级上学期:

1. "班级'梦想角'":在开学第一周,教师利用班会课时间,先让学生说说自己的梦想,再让学生把自己的梦想写出来,粘贴在班级的"梦想角",激励学生每天要为梦想不断努力。

2. 经典诵读《国学漫画》(《论语》):开学初,让家委成员统一购买《国学漫画》(《论语》)读本,要求学生每天诵读 10 分钟,每两周进行读书分享,学期末进行简单的小测试,确保学生的阅读。

3. "我爱我的祖国"演讲比赛:在国庆节来临前一周,利用班会课的时间引导学生了解祖国,开展一次"我爱我的祖国"演讲比赛,激发学生对祖国的热爱与自豪感。

五年级下学期:

1. "班级'助人为乐小明星'":开学第一周的班会课上,先让学生谈谈谁是班里的"助人为乐小明星",再进行相应的奖励,并告知学生,以后每周的班会课上都要评选班里的"助人为乐小明星",人数不定,让学生从日常的小事着手,做一个正直的人。

2. 经典诵读《国学漫画》(《孟子说》):开学初,让家委会成员统一购买《国学漫画》《孟子说》读本，要求学生每天诵读 10 分钟，每两周进行读书分享，学期末进行简单的小测试，确保学生的阅读。

3. "校歌的力量"：在开学的第一个月内，利用 4 节音乐课，让学生反复吟唱校歌，感受学校的精神与魅力。

六年级上学期：

1. 主题班会"文明与素质"：在第一周开展"文明与素质"的主题班会，教师引导学生理解什么是文明、什么是素质，让学生自觉践行。

2. 经典诵读《假如给我三天光明》：开学初，让家委成员统一购买《假如给我三天光明》读本，要求孩子每天诵读 10 分钟，每两周进行读书分享，学期末进行简单的小测试，确保学生的阅读，引导学生学会尊重生命、热爱生命。

3. "海南地域文化的传承"：利用一周的准备时间，让学生制作有关于海南地域文化的手抄报，在第二周把制作好的手抄报布置成一个文化长廊，供学生欣赏，让学生感受海南的本土文化与传承本土文化。

六年级下学期：

1. 主题班会"我长大了"：在第一周开展"我长大了"的主题班会，引导学生理解青春期，正视自己的成长与不足。

2. 经典诵读《钢铁是怎样炼成的》：开学初，让家委会成员统一购买《钢铁是怎样炼成的》读本，要求学生每天诵读 10 分钟，每两周进行读书分享，学期末进行简单的小测试，确保学生的阅读，让学生学会正确面对自己的人生和挫折。

【课程评价】

"陶冶之道"课程的开设意在构建积极向上的校园文化和班级文化，营造良好的校风与班风，在潜移默化、春风化雨中引导学生人格的发展与道德品质的提升。因此，课程内容和实施方案都十分关注学生的参与、感悟。正是鉴于此，本课程评价主要采用过程性评价、结果性评价和综合性评价相结合的评价方式进行。具体如下：

1. 过程性评价

教师对每次活动进行过程性评价,采取自评、互评、师评相结合。

"陶冶之道"课程评价表

评价标准	分值	评价			
		自我评价	同桌互评	小组评价	教师评价
1. 认真参加每一次活动	20				
2. 对每一次活动始终保持浓厚的兴趣	20				
3. 努力完成自己承担的任务	20				
4. 主动提出自己的设想	20				
5. 能用多种途径获取信息	20				

2. 结果性评价

每次课程活动结束,教师都会对学生进行总评价,如在主题班会的活动中,认真思考的学生将被评为"认真思考小达人";在经典诵读活动中,认真诵读的学生将被评为"诵读小能手";在班级文化的布置活动中,表现优秀的学生将被评为"勤于动手小达人"。

3. 综合性评价

一个学期结束后,教师根据学生获得的优秀称号次数,给学生颁发相应的奖励,如:获得 3 次优秀称号的学生,颁发"优秀启航娃"的奖状。

（课程开发者:吴莲芬）

携手之力

架起沟通的桥梁，打开心灵之窗，让阳光洒进来。成长路上，家庭、学校、社会携手共力，共同呵护孩子的美好童年与快乐成长。

【课程背景】

家庭、学校、社会在孩子的成长中都发挥着不可替代的作用。三者只有相互配合、相互支撑才能共同促进学生的全面发展。苏联教育家苏霍姆林斯基就曾说过："儿童只有在这样的条件下才能实现和谐、全面发展，就是两个教育者，即学校和家庭，不仅要有一致行动，要向儿童提出同样的要求，而且要志同道合、抱着一致的信念。"因此，家校合作是促进儿童全面发展的必要举措。而社会教育则是学校教育和家庭教育的重要补充和支撑。它通过显性的或隐性的社会因素引导学生更好地感受和体验未来即将参与的社会生活。因此，学校教育、家庭教育、社会教育必须联合起来，相互配合，相辅相成，形成一股强大的教育合力，营造"三位一体"的整体教育格局，才能切实为青少年的发展奠定坚实的基础。

但是在现实的教育中，人们往往把教育看作是学校的事情，家庭和社会在孩子发展中的影响缺位。当个别孩子出现成长问题时人们也往往归责于、问责于学校，忽视了家庭和社会在孩子成长中的重要责任与义务。也正因为此，教育出现了"5 + 2 = 0"的问题和结果，即孩子在学校学习五天，但经过周末两天，学校的教育努力便被抵消掉了。而这一点对于专注孩子人格发展与德行提升的德育来说体现得更为明显。

正是鉴于此，"携手之力"的课程建设主旨便是通过系列专题活动的开展，引导家庭、学校、社会都参与到孩子的道德教育和人格培育中来，三者各司其职，相互配合，相互支撑，相互促进，真正内在地形成"三位一体"的教育合力、和谐统一的教育氛围，切实提高德育的实效性，共同促进孩子品德的健康成长与提升。

【课程目标】

1. 知识与技能目标：通过本课程的开展，学生能够在家校合作、校社合作、家社合作中学会爱护大自然，学会感恩父母、老师与母校，学会很多社会知识，去做一个对社会有益的人。同时，该课程的开展可以改变家庭、学校、社会的教育理念和自身定位，明晰自身的职责与义务所在，并探索有效合作的策略。

2. 过程与方法目标：通过本课程的开展，学生能够在家庭、学校、社会"三位一体"的教育氛围中提升自身保护自然、与人交往、作为良好公民的意识与担当的能力，有利于学生良好行为习惯的养成。同时，引导家庭、学校、社会更好地担负起自身责任，积极寻求合作的多维路径与策略，提升三者合作的实效性，营造学生成长与发展的良好氛围。

3. 情感、态度、价值观目标：通过本课程的学习，学生能够更加全面地理解自身及其生活，充分感受来自学校、家庭、社会的关爱，有助于学生构建与家庭、学校、社会之间更加合理的伦理关系，进而树立正确的人生观、世界观、价值观。同时，通过系列主题的开展，家庭、学校、社会也积极树立起正确的合作理念与教育观念，为学生健康快乐的成长做好"引路人"的角色。

【课程内容】

本课程秉承学校培养"爱心、聪慧、志趣、阳光"启航娃的育人目标，通过系列主题设计,积极构建"家庭、学校、社会三位一体"的德育模式。通过教育主管部门、学校、家庭、社区、社会公益组织多方力量的多维度、多途径的合作,提升父母的教育能力,提高家校携手的力度和实效;积极吸纳社会教育的优秀人物和元素,发挥其对学生人格发展的引领和榜样示范作用,促进学生的全面发展,引导学生真正做一个爱祖国、有梦想、爱学习、勤思考、爱艺术、有特长、爱生活、健身心的幸福完整人。

本课程的内容架构主要体现在三个方面:1.家校合作系列主题与活动的设计。通过多措并举,拓展家校合作途径;加强对家长的教育培训,优化现代家校合作方式,提高合作的艺术性与实效性;2.学校与社区合作模式的探索。通过打开思路,创新途径,探索青少年社区公益实践体验新模式,让孩子在社会公益活动中学会珍惜、懂得感恩;3.家庭与社区合作模式的探索。通过优化社区环境,实现资源共享,共同引领孩子人格的健康成长;积极参加社区实践活动,不断更新自我的道德观念、认知与行为。

具体内容安排:

(一)一年级上学期

主题1:"我们的教室,我们的家"

内容简介:与爸妈一起绿化、美化我们的教室。

课时分配:3课时

主题2:"妈妈,我入队了"

内容简介:在爸妈的帮助下学会佩戴红领巾,在爸妈的见证下成为少先队员,并分享自己的感受。

课时分配:3课时

主题3:"福利院的小伙伴们"

内容简介:自愿分组,到特殊学校与聋哑孩子们一起开展手拉手活动。

课时分配:3课时

(二)一年级下学期

主题1:"魅力大自然"

内容简介：了解大自然的美，学习欣赏大自然的景色，感恩大自然的馈赠。

课时分配：3 课时

主题 2："爸爸的绘本故事"

内容简介：感受爸爸的爱。

课时分配：2 课时

主题 3："我会垃圾分类"

内容简介：认识小区垃圾屋，跟妈妈学会垃圾分类，能把不同垃圾送回家。

课时分配：3 课时

（三）二年级上学期

主题 1：亲子课堂

内容简介：邀请家长到孩子班上共上一节课，内容可以依据父母的不同职业而多元化。

课时分配：3 课时

主题 2："厨艺大比拼"

内容简介：让家长和孩子合作做一个菜，让孩子感受父母的辛苦，学会感恩。

课时分配：3 课时

主题 3："老师，您辛苦了"

内容简介：教师节前夕设计贺卡，分享自己要表达的话语。

课时分配：3 课时

（四）二年级下学期

主题 1："环保，从我做起"

内容简介：拒绝塑料袋，拒绝一次性碗筷，拒绝随地吐痰、乱扔垃圾。

课时分配：3 课时

主题 2："妈妈，我是您的小帮手"

内容简介：引导孩子回家帮妈妈做家务，学会劳动，学会担当，学会感恩。

课时分配：3 课时

主题 3："敬老院的爷爷奶奶们"

内容简介：跟着爸妈、老师看望敬老院的老人们，给他们讲故事、唱唱歌。

课时分配：3 课时

（五）三年级上学期

主题 1："我与爸妈是同学"

内容简介：邀请家长到孩子班上共上半天课，一起听课、一起作业、一起交流，比比谁最爱回答问题。

课时分配：3 课时

主题 2："我家的绿色节能行动 1"

内容简介：了解家庭用水用电的情况，向妈妈讨教节水节电小妙招，让几个妈妈到班上分享自己平时节约水电的方法。

课时分配：3 课时

主题 3："敬老院的爷爷奶奶们"

内容简介：与妈妈一起准备可口饭菜，看望敬老院的爷爷奶奶们，给他们按摩，和他们聊聊天。

课时分配：3 课时

（六）三年级下学期

主题 1："向雷锋叔叔学习"

内容简介：把学校附近一条马路打扫干净，向全校同学发出"向雷锋叔叔学习"倡议书。

课时分配：3 课时

主题 2："我家的绿色节能行动 2"

内容简介：学校在周末组织家长和孩子一起植树，提升孩子的绿色环保意识。

课时分配：3 课时

主题 3："温馨父亲节"

内容简介：讲述我与爸爸一件感人的事，分享爸爸对我的爱和爸爸为家庭的付出。

课时分配：3 课时

（七）四年级上学期

主题 1："今天,你家减碳了吗?"

内容简介：邀请爸妈听环保课,一起走进低碳生活,课后到社区做一个小小环保卫士。

课时分配：3 课时

主题 2："我给妈妈洗脚"

内容简介：学完《第一次抱母亲》这篇课文后,让学生回家也抱抱妈妈,给妈妈洗洗脚,注意观察妈妈的表情,写一篇日记。

课时分配：3 课时

主题 3："我是小小志愿者"

内容简介：当一次小小志愿者,协助一年级小朋友排队有序出校门。

课时分配：3 课时

（八）四年级下学期

主题 1："十岁成长礼"

内容简介：举行一次成长礼,学生回忆成长,感受成长,感念亲恩。

课时分配：3 课时

主题 2："做自己的首席安全官"

内容简介：学校组织孩子与家长、社区人员合作演习,让孩子学会保护自己。

课时分配：4 课时

主题 3："幸福作业,牵手社区"

内容简介：安排在暑假,在自由组合小组的策划下,与社区工作人员协商开展一些能促进亲子之间、家长与家长之间、孩子与陌生人关系的活动。

课时分配：3 课时

（九）五年级上学期

主题 1："我是做饭小能手"

内容简介：跟着妈妈学习去市场买菜、学做菜,邀请所有爸妈共享美食。

课时分配：3课时

主题2："我是小小志愿者"

内容简介：节假日跟着家长、老师一起到养老院、福利院等做义工，或者做"环卫小卫士"志愿者。

课时分配：3课时

主题3："我爱爷爷奶奶"

内容简介：借助重阳节的契机，向孩子讲解我国尊老、敬老的优良传统，引导孩子孝敬老人，给爷爷奶奶、外公外婆送去一声问候、一份心意。

课时分配：3课时

（十）五年级下学期

主题1：亲子阅读分享交流会

内容简介：亲子共读一本书后，利用一节课时间进行读后感交流。

课时分配：3课时

主题2：食品安全

内容简介：各类食品安全问题触目惊心，通过展示图片、视频等让孩子了解食品安全的重要性，做好自我保护；同时请妈妈们参与课程，分享食品安全小妙招。

课时分配：3课时

主题3："做自己的首席安全官"

内容简介：学校组织孩子与家长、社区人员到海南省防震减灾训练基地进行各种技能合作演习，让孩子学会保护自己。

课时分配：3课时

（十一）六年级上学期

主题1：趣味运动会

内容简介：建立一个加强师生沟通、家校沟通、亲子沟通的多功能平台。

课时分配：3课时

主题2："我是海滩护卫者"

内容简介：组织父母和孩子们一起到假日海滩捡拾垃圾，并引导孩子根据当天的活动经历和主题,在父母的指导下写一篇活动日记。

课时分配:3 课时

主题3:"不同的职业"

内容简介:邀请不同职业的家长介绍自己的职业,让孩子们感受社会分工,感受每一份职业对社会的不同贡献,如警察、医生等。

课时分配:3 课时

(十二)六年级下学期

主题1:"我是小海军"

内容简介:根据主题内容,与爸爸、老师一起策划活动方案,参观海军展览馆,学习军务整理,参观舰艇,感受海军不一样的生活,体会保卫我国海疆的不易。

课时分配:3 课时

主题2:"感念亲恩,感念母校"

内容简介:老师、学生、爸妈一起参加毕业典礼,回顾自己在母校六年的成长经历,感恩母校、感恩师长、感恩父母。

课时分配:3 课时

【课程实施】

本课程为一至六年级的必修课,根据课程内容、年级的不同,课时安排也不同,以一学年为一个教学周期。课程材料和教具准备为多媒体、课件、微课、图片、视频等,同时提前联系好家庭、学校、社会的各类参与主体。本课程使用原创自编讲义、多媒体课件、多元案例等多种教学资源。以校本课程形式教学,执教老师自行安排任课,教师根据教学内容灵活构建教学细则,根据实际调整教学进度,灵活把握内容的实施。具体实施如下:

(一)低学段以陪伴为主

一年级:

刚入学的学生对陌生的学校既期待又畏惧,为了让他们很快融进小学生活，我们安排如下课程：

1. "我们的教室，我们的家"：开学第二周的周一、二、三下午放学后用一课时的时间，邀请父母与老师、孩子们一起装扮教室，创建一个温馨和谐的教室环境，让教室布置保持整洁高雅、美观大方、富有文化氛围，并让孩子们感受亲子合作的快乐。

2. "妈妈，我入队了"：3课时，安排在10月初。第一课时，了解少先队成立的时间，认识队徽、队旗、学唱队歌；第二课时，家长教孩子折叠、佩戴红领巾；第三课时，参加隆重的入队仪式，父母给孩子系戴红领巾，并与孩子留影纪念。在这个过程中，孩子感受到父母的爱与陪伴，感受到成长的幸福与快乐。

3. "福利院的小伙伴们"：3课时，以自愿分组为原则，在老师的带领下到特殊学校与聋哑孩子们一起开展"手拉手活动"。一起画画、聊天、做游戏，给他们送去自己做的小礼物，引导孩子们学会关心别人、帮助别人，也更加体会和珍惜自身生活的幸福，学会感恩。

4. "魅力大自然"：3课时，第一、二课时，利用周末的时间开展"大手牵小手，我与大自然约会"活动，父母带着孩子走进大自然，用眼睛去发现、感受大自然的美；第三课时，分享大自然的美，鼓励学生用自己的语言或画笔描绘看过的美好风景，同时在小组里交流自己喜欢的一张风景图。这个过程可以让孩子在感受大自然的美的同时，领悟人与自然的和谐与统一，学会珍惜自然、保护自然。

5. "爸爸的绘本故事"：用2课时的时间邀请爸爸来与孩子一起进行绘本阅读，分享阅读的感受与领悟，在阅读中与孩子一起成长。

6. "我会垃圾分类"：3课时，第一课时，认识垃圾给我们带来的危害；第二课时，认识小区里的垃圾屋，跟着妈妈学会垃圾分类，能把不同垃圾送回它们的家。第三课时，分享自己给垃圾分类的方法，妈妈的小妙招。通过该过程，孩子能够正确认识不同类型的垃圾，并养成在生活中自觉分类放置垃圾的良好行为习惯。

二年级：

1. 亲子课堂：3课时，学校每学期统筹安排一个半天为家长开放日，每次邀请一位家长到班上为孩子们上一节课。题目由家长自选,同时课前邀请家长委员会成员集体把握主题和内容的适恰性,并共同参与备课。通过该过程,家长们可以更加体会教育的用心良苦,同时在与孩子一起上课的过程中增强亲子关系的亲密度和融洽性。

2. "厨艺大比拼":3课时,让家长和孩子合作做一个菜,安排一个下午,大家一起品尝,评选最佳厨艺奖,让孩子感受父母的辛苦,学会感恩。

3. "老师,您辛苦了":3课时,教师节前夕引导孩子们自己设计贺卡送给老师,这个过程中可以请教父母,也可以请教美术老师,制作完成后利用一个课时分享自己要表达感恩的话语,引导孩子们学会感恩老师、尊敬师长。

4. "环保,从我做起":3课时,第一课时,感受环境保护的重要性;第二课时,采访、咨询社区叔叔阿姨、爸爸妈妈,了解当前海口市环境污染的相关情况,以及大人们都采取什么措施保护环境;第三课时,分享收集到的资料,发出环保倡议书,倡导"环保行动从我做起"。

5. "妈妈,我是您的小帮手":3课时,妈妈引导孩子做家务,学会劳动,学会担当,学会感恩。可以请妈妈来班里分享孩子在家的家务情况。

6. "敬老院的爷爷奶奶们":3课时,与妈妈一起准备合口饭菜,看望敬老院的爷爷奶奶们,给他们按摩,和他们聊聊天,引导孩子们尊老、敬老、爱老。

(二)中学段以体验为主

三年级:

1. 亲子课堂:3课时,学校每学期统筹安排一个半天为家长开放日,每次邀请一位家长到班上为孩子们上一节课。题目由家长自选,同时课前邀请家长委员会成员集体把握主题和内容的适恰性,并共同参与备课。通过该过程,家长们可以更加体会到教育的用心良苦,同时在与孩子一起上课的过程中增强亲子关系的亲密度和融洽性。

2. "我家的绿色节能行动":3课时,第一课时,了解目前我国节能情况;第二课时,了解家庭用水用电的情况,向妈妈讨教节水节电小妙招;第三课时,让几个妈妈在班上分享自己平时节约水电的方法。

3. "敬老院的爷爷奶奶们"：3 课时,分组跟着爸妈、老师看望敬老院的老人们,给他们讲讲故事、唱唱歌,引导孩子们尊老、敬老、爱老。

4. "向雷锋叔叔学习"：3 课时,把学校附近一条马路打扫干净,向全校同学发出"向雷锋叔叔学习"倡议书,引导孩子们理解并学习做一个对社会有用的人,学会担当和奉献。

5 "植树节的绿色行动"：3 课时,学校在 3 月 12 日当天组织家长和孩子一起植树,引导孩子们走进自然、热爱自然、保护自然。

6 "温馨父亲节"：1 课时,讲述我与爸爸一件感人的事,分享爸爸工作的辛劳,感受爸爸对自己的爱,同时说出内心对爸爸的爱。

四年级:

1. "今天,你家减碳了吗?"：1 课时,邀请爸妈与孩子们一起听一堂环保课,一起走进低碳生活。(1)情景导入：课件展示沙尘暴、旱灾、南极企鹅,观看课件后交流各自的想法与感受;(2)观看课件：了解生活中的浪费现象,畅谈如何减少生活中碳的使用;(3)向家长发出低碳生活倡议书,父母表态;(4)课后到社区做一个小小环保卫士。

2. "第一次给妈妈洗脚"：1 课时,学完《第一次抱母亲》这篇课文后,让学生回家也抱抱妈妈,给妈妈洗洗脚,注意观察妈妈的表情,写一篇日记,课堂交流。

3. "我是小小志愿者"：利用一个月时间,在学校门口当志愿者,协助一年级小朋友排队有序出校门。

4. "十岁成长礼"：3 课时,举行一次成长礼,学生回忆成长,感念亲恩。邀请所有家长参与,通过表演、作品展示,述说再现自己四年学习收获,表达对老师、家长的感谢。

5. "做自己的首席安全官"：学校组织孩子与家长、社区人员合作进行防震减灾演习,让孩子学会灾难中自救的相关知识,学会保护自己。

6. "幸福作业,牵手社区"：安排在暑假,在自由组合小组的策划下,与社区工作人员协商开展一些能促进亲子之间、家长与家长之间、孩子与陌生人关系的活动,开展丰富有趣的亲子趣味运动会,如"两人三足""蒙眼猜妈妈的手"等游戏,家长准备奖品、水,策划运动会流程。

（三）高学段以合作为主

五年级：

1. "我是做饭小能手"：8课时，第一课时，班上确定主题；第二至五课时，动手实践，跟着妈妈去市场学着买菜，独立去买菜，学做菜，体会妈妈的辛劳；第六至八课时，分享美食，感恩父母，每人带一份自己的拿手好菜与同学、老师、父母分享，现场比赛包饺子，父母评选"最佳包饺子小能手"。

2. "我是小小志愿者"：3课时，节假日跟着妈妈一起做义工，如到养老院、福利院等，引导孩子学会帮助他人，学会担当与奉献，做一个对社会有用的人。

3. "我爱爷爷奶奶"：在重阳节引导孩子孝敬老人，给爷爷奶奶、外公外婆送去一声问候、一份心意。

4. 亲子阅读分享交流会：1课时，选定一个月份（一般是期中考试后一个月）在跟父母共读一本书后，用一个课时进行交流，父母必须准备课件，学生必须有读后感，通过生生、师生、家长的读后见解碰撞，相互滋养。

5. 食品安全：1课时，利用班会时间，与妈妈一起关注食品，播放有关食品的新闻报道，大家评论学校周边食品店的情况，妈妈建议，老师提倡，杜绝"三无"产品，拒绝各类垃圾食品。

6. "做自己的首席安全官"：学校组织孩子与家长、社区人员到海南省防震减灾训练基地进行各种技能合作演习，让孩子学会保护自己。

六年级：

1. 趣味运动会：3课时，10月份在家委会、班委会、老师的策划下，开展丰富有趣的亲子趣味运动会，如"两人三足""蒙眼猜妈妈的手"等游戏，家长准备奖品、水，老师准备场地、游戏用具，学生负责策划运动会流程。在这个过程中，增强父母与子女的亲密关系，有利于亲子关系的良好发展。

2. "我是海滩护卫者"：3课时，扛起中队旗，请父母一起到假日海滩捡垃圾使海滩变得干净一些。父母准备垃圾袋、帽子、水，参加活动后，学生写活动日记。通过该过程,学生们将环保意识深深扎根在自身意识中,并养成良好的环保行为习惯。

3. "不同的职业":2课时,邀请不同职业的家长介绍自己的职业,让孩子们感受社会分工,感受每一份工作对社会的不同贡献,如警察、医生等。

4. "我是小海军":6课时,根据主题内容,与爸爸、老师一起策划活动方案,参观海军展览馆,学习军务整理,参观舰艇,感受海军不一样的生活,体会军人叔叔保卫祖国的伟大与辛苦。

5. "感念亲恩,感谢母校":3课时,通过师生、亲子互动,让学生感受母校对自己的培养之情,感受师长对自己的教导之情,感受父母对自己的养育之恩,带着眷恋,走入新生活。具体操作如下:班干部策划活动流程,向校长、家长、老师发邀请函,项目可以有诗歌朗诵、小品、舞蹈等。

综上,"携手之力"的课程实施方案是基于不同年级孩子身心发展的特征而开设的系列主题活动。这些需要家长、学校、社会的紧密配合、真情投入,共同为了孩子的健康成长尽好自己的责任和义务。同时,鉴于课程的开放性、过程性、生成性,具体专题的开展会根据学校当年的教育整体规划灵活、有序地调整。

【课程评价】

"携手之力"课程的开设意在引导家庭、学校、社会共同参与到孩子的道德教育中来。因此,课程内容和实施方案的设计都充分关注实践、体验、感悟。正是鉴于此,本课程评价旨在建立多元化、多维度课程评价体系,主要采用过程性评价、结果性评价和综合性评价相结合的评价方式进行。具体如下:

(一)过程性评价

教师对每次学习活动进行过程性评价,采取自评、互评(学生)、点评(老师、家长、社区)相结合,根据家长与孩子互动等情况,给予分值评价,有附加分奖励(可根据表现突出的学生给予附加分奖励,教师自行把握

分值)。具体如下表:

"携手之力"课程评价表

评价指标	分值	评价				
		自我评价	学生互评	家长评价	教师评价	社区评价
1. 认真积极参与	10					
2. 主动与父母配合	10					
3. 主动提出自己的设想和建议	20					
4. 认真观察、思考问题,能运用已有的知识解决问题	10					
5. 与家长齐心协力做好这件事	10					
6. 不怕困难,坚持按时完成任务	20					
7. 提升人际关系的协调性	10					
8. 活动总结及时有效	10					
总分						

(二)结果性评价

每次课程活动结束,都要有爸爸、妈妈或社区对学生的评价。(注:红色五角星为 A 等;黄色五角星为 B 等;蓝色五角星为 C 等;紫色五角星为 D 等。获得 10 个以上的红色五角星就能评为"课程活动小能人"等。)

举行相关主题的活动作品评比,发放获奖证书,如:"小小美食家""最佳主持奖""优秀志愿者"等,让孩子们真正在体验、感悟、实践中成长、发展。

(三)综合性评价

1. 教师评价

一个学期结束,教师根据学生、家长整个学期参与课程情况作出评价(由班委会、家长委员会负责管理学分,家长参加一次活动记 5 分,家长主动参与策划活动记8分）。根据评价结果的等级,给家长颁发对应的奖励。例如:全勤参与的家长,授予"最美家长"的称号,获得荣誉证书一份,奖励孩子一本书或小礼物。

2. 校外有关人士参与评价

（1）随机评价

在本课程活动实施的整个过程中,家长、社区有关人员可以随时随地对学生的言行做出及时的评价。评价方式灵活多样,如:一个满意的微笑、投以信任的目光、亲切的手势、幽默的回答,都可以是一种面对个体和具体事件的评价。

（2）档案袋评价

学生在活动的过程中建立的记录档案袋,记录学生活动过程中的点滴收获和串串足迹。这些档案袋是学生活动过程的见证,它的评价方法是合作评价,包括学生互评与集体评价。

① 定期进行组内展评,展一展每个人的活动成果,评一评每个人的活动参与度,议一议哪位学生做出了积极的贡献等。

② 每学期班内组织一至两次成长记录袋展评,在每个小组汇报成果、表扬典型的基础上,集体议一议哪个小组的探究活动充实而有意义,哪个小组的活动成果突出而有特色,哪个小组的合作最愉快、最有效等等。

评价结果对学生有一定的促进作用,有了家长与老师的携手,学生更加注意自己的言行举止、学习态度。

（课程开发者:陈玉棋）

践履之悟

"读万卷书，行万里路。"让"践履"打开孩子的世界，让"践履"丰盈孩子的内心。在万里之行中，引领孩子悟世界、感人生、修自身，知行合一。

【课程背景】

我国古代便有"践履"、游学的教育传统。践履，简而言之就是通过"实践"这种手段来达到"履"这个目的，是书本学习之外不可或缺的重要部分。而游学的"游"字可谓内涵丰富，蕴含有"学习"的意味。它在我国古代人才培养中起着重要的作用，是书斋教学无法比拟的教学方式和学习渠道。正如古语所云："读万卷书，行万里路。"

目前的学校教学模式，因之教学条件、知识形式的限制，单一的学科教学难以满足学生综合素质的提升要求，学生更多的是在单一的课堂环境中"坐着学"书本知识，记忆、再现别人的间接经验，对大自然、社会缺乏直接的体悟和感知。这不仅导致了学生知识结构、思维视界的单一与狭窄，同时也限制了学生综合素质、实践能力、创新能力的提升。

正是鉴于此，2016 年底，教育部等 11 个部门联合印发《关于推进中小学生研学旅行的意见》，提出"各中小学要结合当地实际，把研学旅行纳入学校教育教学计划，与综合实践活动课程统筹考虑，促进研学旅行和学校课程有机融合"，要求建设研学基地，开发研学旅行课程和线路。我国学生研学旅行提上了议事日程，"行万里路"作为一种学习方式终于有了政策指引与保障。

本课程正是基于"读万卷书，行万里路"的教育理念和人文精神，通过系列践履主题的设计让学生们在"践履"游学实践过程中感受自然、感悟社会、探究历史、走进民族，通过自主的观察、体验、探究获得丰富多元的知识和人文情怀；同时，在这个过程中学会自主学习、自主探究、自主思考，不断拓展思想视界，不断养成灵活、开放的思维品质，不断提升自身的实践能力，这些都为培养创新型、有知识、有情怀的人才打下坚实的基础。

【课程目标】

1. 知识和技能目标：通过学习使学生了解自然与世界的奥秘、社会与人文的内涵、文化与历史的关联。

2. 过程与方法目标：通过自主学习、自主探究、自主思考，在游学实践中拓展思想视界，养成灵活开放的思维品质，提升自身创造实践能力。

3. 情感态度与价值观目标：培养学生追求真善美的独立完善人格，感悟"践履"游学的多样性，培养热爱生活、关心社会的美好品质。

【课程内容】

"践履之悟"意在活动中重视人的自觉性，强调知与行并重，让学生在实践中转变思想，明实理，做实事。本课程以"读万卷书，行万里路"为主题，课程内容安排以循序渐进为原则，在游历中感悟，逐渐提升德育内涵及个人的品质。本课程内容从四个方面展开：亲近自然、感悟社会、探究历史、倾听民族。

（1）亲近自然：通过与大自然的接触，激发学生关注大自然的社会责任感与参与意识，培养学生爱护自然环境的一花一草一木的情感。

（2）感悟社会：通过社区实践体验激发学生关心社会、人文，培养学生追求真善美、鞭挞假丑恶的完善人格。

（3）探索历史：在历史文化的熏陶下，对世界观价值观有新的认识与思考。

（4）倾听民族：领悟民族风采，实现知识与实践经验的整合，使学生形成对周围的完整认识和全面体验。

通过亲近自然、感悟社会、探究历史、倾听民族对本课程进行整合，使学生核心素养得到提升，达到立德树人的最终目的，六年影响一生。

"践履之悟"课程的具体内容设计：

（一）一年级上学期

1. 亲近自然：万绿园之美

内容简介：引导学生欣赏万绿园的美景，感受大自然的美好，认识到人与自然的和谐共生关系。

课时分配：3课时

2. 感悟社会：孤儿院的小伙伴们

内容简介：带学生到海口市孤儿院，与孤儿院小朋友交流、做游戏、做手工，引导学生学会关爱他人，学会珍惜自己的生活。

课时分配：3课时

（二）一年级下学期

1. 探索历史：海口市博物馆里的秘密

内容简介：带领学生参观海口市博物馆，了解海口的历史与文化。

课时分配：3课时

2. 倾听民族：黎族乐舞

内容简介：带领学生走进黎族地区，感受黎族乐舞的特色风格与独特的民族魅力。

课时分配：3课时

（三）二年级上学期

1. 亲近自然：可爱的热带动物们

内容简介：带领学生参观热带野生动植物园，观察动物的外形与神态，了解动物的习性，懂得爱护动物。

课时分配：3课时

2. 感悟社会：敬老院的爷爷奶奶们

内容简介：带领学生参观长流镇会南村敬老院,引导学生关爱敬老院的爷爷奶奶们,学会尊老、敬老。

课时分配：3课时

（四）二年级下学期

1. 探索历史：红色娘子军的英雄事迹

内容简介：带领学生参观琼海红色娘子军基地,倾听民族英雄事迹,感受民族的力量。

课时分配：3课时

2. 倾听民族：最美三月三

内容简介：带领学生参加黎族的"三月三"节日,感受海南少数民族的民俗与民风。

课时分配：3课时

（五）三年级上学期

1. 亲近自然：探秘火山口

内容简介：带领学生探秘火山口地质公园,了解火山口形成的相关知识,更加深刻地理解自然、爱护自然。

课时分配：4课时

2. 感悟社会：勤劳的环卫叔叔阿姨们

内容简介：探访环卫叔叔阿姨们,引导学生爱护环境,注意公共卫生,做一个文明好少年;同时更加理解和尊重环卫工人。

课时分配：4课时

（六）三年级下学期

1. 感悟社会：宏伟的舰艇

内容简介：带领学生参观部队舰艇,感受我国军事力量的发展,感受祖国的发展与强大,增强学生的民族自豪感与归属感。

课时分配：4课时

2. 倾听民族：品析琼剧

内容简介：引导学生欣赏海南地方剧,感受海南的地方文化特色,感受文化的多样性。

课时分配：4课时

（七）四年级上学期

1. 亲近自然：海滩依旧美丽

内容简介：带领学生参观海口假日海滩，欣赏大海、沙滩的美景，同时明白治理环境污染的紧迫性，引导学生从自身做起，珍爱环境，不乱丢垃圾。

课时分配：4课时

2. 感悟社会：白沙门环保教育站

内容简介：带领学生参观白沙门环保教育站，学习环保相关知识，同时更加深刻地理解环保志愿者工作的不易，并积极加入环保志愿者队伍中来。

课时分配：4课时

（八）四年级下学期

1. 探索历史：五公祠里的故事

内容简介：带领学生参观五公祠，追溯海南的历史，感受海南的文化，探寻海南的文化之源。

课时分配：4课时

2. 倾听民族：洗龙水

内容简介：带领学生参加海南本地风俗活动"洗龙水"，在这个过程中更好地感受海南本土文化。

课时分配：4课时

（九）五年级上学期

1. 亲近自然：东寨港红树林保护区

内容简介：带领学生参观东寨港红树林保护区，让学生直观感受大自然的美和环境破坏的危机，激发学生的环保意识和积极行动。

课时分配：4课时

2. 感悟社会：我是小小志愿者

内容简介：引导学生作为小小志愿者参与社会公益活动，思考如何去做一个对社会有用的人。

课时分配：4课时

（十）五年级下学期

1. 探索历史：炮楼印记

内容简介：带学生参观秀英炮楼，揭开尘封的战争，弘扬爱国主义精神。

课时分配：4课时

2. 倾听民族：海南的民族服饰

内容简介：通过引导学生赏析海南的民族服饰，探析海南多元化的文化元素。

课时分配：4课时

（十一）六年级上学期

1. 亲近自然：候鸟的天堂

内容简介：带领学生参观五源河湿地公园，了解湿地知识，观察湿地鸟类，保护湿地，保护湿地动植物。

课时分配：4课时

2. 感悟社会：文昌航天发射场

内容简介：带领学生参观文昌航天发射场，学习航空知识，树立"我要当宇航员"的梦想。

课时分配：4课时

（十二）六年级下学期

1. 探索历史：金牛岭革命烈士陵园

内容简介：带领学生参观金牛岭革命烈士陵园，祭奠革命烈士，倾听革命烈士事迹，感受革命烈士的贡献与伟大。

课时分配：4课时

2. 倾听民族：冼夫人文化节

内容简介：参观海南地方文化活动"冼夫人文化节"，让学生感受海南地方文化特色，同时了解海南文化的渊源。

课时分配：4课时

【课程实施】

本课程为一至六年级的必修课,共 96 课时,每课时 40 分钟,以每学年为一个教学周期。本课程的开设主要是通过系列研学旅行主题活动的开展,引导学生亲近自然、感悟社会、探究历史、倾听民族。因此,本课程的一大特色就是实践性、组织性、感悟性强,学生的主体参与性高,同时又具有很大的课程开放性、动态生成性。因此,本课程的实施与其他课程有着较大区别。

"践履之悟"课程在不同学段的学习要求:

(一)低学段以初步感受为主

1. 通过与大自然的接触,感受大自然的美,激发学生关注大自然的社会责任感与参与意识。

2. 画一画海南美丽的自然风光,培养学生爱护自然环境的一花一草一木的情感。

3. 通过参观博物馆和孤儿院、欣赏黎区乐舞,让学生初步感受海南的历史、感受社会的多样、感受民族的多姿。

(二)中学段以实践体验为主

1. 通过对热带动物的观察,辨析热带动物较之其他地域动物的差异,并探析其背后的原因。

2. 通过走进社区、感悟历史,体验社会的构成与力量,感受历史文化的熏陶。

3. 组织学生互动交流与探讨,说一说所观察到的海南历史文化、人文,激发学生关心社会、关心历史、热爱文化的潜质。

4. 做一做志愿者,培养学生追求真善美、鞭挞假丑恶的完善人格。

(三)高学段以领悟升华为主

1. 领悟民族风采,感受文化的精神与力量,建构多元化的知识体系。

2. 在教师的引导与提点下,融入自主探究学习理念,提高学生学习的主动性,提升其对自然、社会、历史、民族的完整认识和全面体验,有利于学生进行创造性、自主性学习与创作。

"践履之悟"课程实施前的组织流程与规则：

（一）研学旅行前的准备功课。本课程实施前，学生应通过互联网、书本对将要去的地方做一定的了解，知道所去之处主要看什么、做什么，想想有什么感兴趣的问题。

（二）鼓励学生分工合作，培养团队意识。"践履"前计划的制定要以小组合作的形式共同完成，低年级的学生可以让家长加入共同商定，鼓励学生以小组为单位，在小组间充分交流、合理分工、共同探究，建立团队意识，并鼓励组与组进行开放性交流、分享对问题的不同解决方案、彼此学习。

（三）建立分工明确、规范严明的管理模式。校内成立专门的领导小组，明确分工，建立相关管理制度。组织会议，邀请家委会代表参与讨论，根据学生年段特点和学习需求，确定合理的活动方案。

（四）报名采用公开自愿方式。拟定家长告知书，进行动员和宣传，公布活动计划和收费标准，由学生自愿报名参加，由学校和家长签订自愿报名参加协议，费用收支公开、透明。对于家庭经济困难的学生，争取采用适当减免费用等方式给予照顾。

（五）建立研学安全保障机制。学校根据活动的实际情况，制定活动方案和安全应急预案，提前一周上报相关管理部门；成立紧急事故处理小组，安排具体负责的老师，进行责任界定，切实做到行前安全教育、行中安全保护，同时对学生的观察、记录进行指导，让学生在实践中学习并学有所获。

"践履之悟"课程的具体实施方案：

（一）"亲近自然"模块实施方案

通过带领学生走进万绿园、热带野生动植物园、雷琼火山口地质公园、海口假日海滩、东寨港红树林、五源河湿地公园，激发学生关注大自然的社会责任感与参与意识，培养学生爱护自然环境的一花一草一木的情感。

1. 宣传发动阶段

对学生：利用班会向学生介绍亲近自然研学活动，宣传亲近自然研学课程的必要性和重要性,激发学生对大自然探索的兴趣。

对家长:班主任利用班级微信群告知家长活动的时间、地点、目的等具体事项,让家长理解、放心,取得家长的支持。

2. 准备阶段

(1)召开会议明确职责。

(2)委托并监督指定有资质的旅行社,协商安排车况良好的车辆与素质高、经验丰富的专业司机,确定亲近大自然的路线方案。

(3)各班班主任提前做好学生的思想动员工作。

① 团队活动前进行纪律教育、安全教育、文明礼仪教育、环保意识教育;

② 教育学生在活动中认真观察,互帮互助。

3. 活动实施阶段

(1)7:30大巴在校门口等候,学生7:30之前到校,收听广播依序下楼在操场上等待。老师清点人数,8:00统一登车出发前往目的地。

(2)一个年级配备两名校医,每班由两位老师具体负责,各班按人数先分若干组,定好小组长。

(3)团队活动遵守纪律,统一行动听指挥,不擅自行动。

(4)安全归程:16:30,提前在班级微信群告知家长归程时间,并让已接到孩子安全归家的家长接龙反馈。

4. 活动总结阶段

(1)画一画活动过程中看到的、听到的、想到的、做过的,领会大自然的美,并挑出优秀作品进行展示。

(2)根据课程评价选出各方面表现突出的学生给予表彰。

(二)"感悟社会"模块实施方案

通过带领学生当小小志愿者,参观文昌航天发射场、海口市孤儿院和白沙门环保教育站,探访环卫叔叔阿姨们,参加社会公益活动等,从而激发学生关心社会、人文,培养学生追求真善美、辨明假丑恶的完善人格。

1. 宣传发动阶段

对学生:利用班会向学生介绍"感悟社会"研学活动,宣传"感悟社会"课程的必要性和重要性,激发学生对社会的关心。

对家长:班主任利用班级微信群告知家长活动的时间、地点、目的等具体事项,让家长理解、放心,取得家长的支持。

2. 准备阶段

（1）召开会议明确职责。

（2）委托并监督指定有资质的旅行社,协商安排车况良好的车辆与素质高、经验丰富的专业司机,确定"感悟社会"的路线方案。

（3）各班班主任提前做好学生的思想动员工作。

① 团队活动前进行纪律教育、安全教育、文明礼仪教育、环保意识教育;

② 教育学生在活动中互帮互助,团结协作。

3. 活动实施阶段

（1）7：30 大巴在校门口等候,学生 7：30 之前到校,收听广播依序下楼在操场上等待。老师清点人数,8：00 统一登车出发前往目的地。

（2）一个年级配备两名校医,每班由两位老师具体负责,各班按人数先分若干组,定好小组长。

（3）团队活动遵守纪律,统一行动听指挥,不擅自行动。

（4）安全归程：16：30,提前在微信班级群告知家长归程时间,并让已接到孩子安全归家的家长接龙反馈。

4. 活动总结阶段

（1）通过日志记录活动过程中看到的、听到的、想到的、做过的,图文并茂写出感悟收获,并选出优秀的日志进行展示。

（2）根据课程评价选出各方面表现突出的学生给予表彰。

（三）"探索历史"模块实施方案

通过带领学生参观海口市博物馆、红色娘子军基地、部队舰艇、五公祠、秀英炮楼、金牛岭革命烈士陵园,在历史文化的熏陶下,对世界观、价值观有新的认识与思考。

1. 宣传发动阶段

对学生:利用班会向学生介绍"探索历史"研学活动,宣传"探索历史"课程的必要性和重要性,激发学生对社会的关心。

对家长:班主任利用班级微信群告知家长活动的时间、地点、目的等具体事项,让家长理解、放心,取得家长的支持。

2. 准备阶段

(1)召开会议明确职责。

(2)委托并监督指定有资质的旅行社,协商安排车况良好的车辆与素质高、经验丰富的专业司机,确定"探索历史"的路线方案。

(3)让学生根据研学地点通过互联网、书本了解其历史与文化内涵。

(4)各班班主任提前做好学生的思想动员工作。

① 团队活动前进行纪律教育、安全教育、文明礼仪教育、环保意识教育;

② 活动中多问、勤思、勤交流。

3. 活动实施阶段

(1)7:30大巴在校门口等候,学生7:30之前到校,收听广播依序下楼在操场上等待。老师清点人数,8:00统一登车出发前往目的地。

(2)一个年级配备两名校医,每班由两位老师具体负责,各班按人数先分若干组,定好小组长。

(3)团队活动遵守纪律,统一行动听指挥,不擅自行动。

(4)安全归程:16:30,提前在班级微信群告知家长归程时间,并让已接到孩子安全归家的家长接龙反馈。

4. 活动总结阶段

(1)通过小作文把活动过程中看到的、听到的、想到的、做过的写下来,并选出优秀的小作文进行展示。

(2)根据课程评价选出各方面表现突出的学生给予表彰。

(四)"倾听民族"模块实施方案

通过带领学生走进黎区、了解黎族的"三月三"节日、欣赏海南地方剧、参加海南本地风俗活动"洗龙水"、赏析海南的民族服饰、参观海南地方文化活动"洗夫人文化节",领悟少数民族文化的魅力,实现知识与实践经验的整合,使学生形成对少数民族文化的深刻体验。

1. 宣传发动阶段

对学生：利用班会向学生介绍"倾听民族"研学活动，宣传"倾听民族"课程的必要性和重要性，激发学生对了解民族的热情。

对家长：班主任利用班级微信群告知家长活动的时间、地点、目的等具体事项，让家长理解、放心，取得家长的支持。

2. 准备阶段

（1）召开会议明确职责。

（2）委托并监督指定有资质的旅行社，协商安排车况良好的车辆与素质高、经验丰富的专业司机，确定"倾听民族"的路线方案。

（3）让学生根据研学地点通过互联网、书本查找各地方文化背景，初步了解各地区民族文化，尊重当地民俗民风。

（4）各班班主任提前做好学生的思想动员工作。

① 团队活动前进行纪律教育、安全教育、文明礼仪教育、环保意识教育；

② 活动中认真观察、倾听讲解、记录民俗民风。

3. 活动实施阶段

（1）7：30 大巴在校门口等候，学生 7：30 之前到校，收听广播依序下楼在操场上等待。老师清点人数，8：00 统一登车出发前往目的地。

（2）一个年级配备两名校医，每班由两位老师具体负责，各班按人数先分若干组，定好小组长。

（3）团队活动遵守纪律，统一行动听指挥，不擅自行动。

（4）安全归程：16：30，提前在班级微信群告知家长归程时间，并让已接到孩子安全归家的家长接龙反馈。

4. 活动总结阶段

（1）通过小作文把活动过程中看到的、听到的、想到的、做过的。写下来，并进行讲述民族故事比赛。

（2）根据课程评价选出各方面表现突出的学生给予表彰。

【课程评价】

本课程采用学生学习交流、展示分享、实践总结的方式进行推进。结合本课程的特点,主要采用过程性评价、成果性评价和综合性评价相结合的评价方式,最终等级评定时过程性与成果性评价各占 30%,综合性评价占 40%。

1. 过程性评价

过程性评价主要针对个人在小组中的参与程度、在过程中各项活动完成情况,以及在小组中与其他组员的合作情况进行评价。

"践履之悟"过程性评价表

具体内容	细项说明	分值	得分
参与意识	积极与同伴进行讨论	10	
团队意识	有团队合作意识,与组员相互协助	10	
互助意识	能对别人的方案提出宝贵的意见和建议	10	
创新意识	有自己独到见解	10	
课程意识	对过程有所感悟进行创作	10	

2. 成果性评价

将学生在活动中的感悟和收集来的各项资料和图片制成展板在校宣传栏展示,通过学校公众号等媒体形式宣传报道。期末再进行学习考核,通过学习与实践过程两个方面结合,以感悟创作和实践过程为主,累计分值评价,如:实践过程 50%、感悟创作 50%。(实践过程可根据课程评价表获得个人得分)最后合计为总分,对分数高的学生给予奖励。

3. 综合性评价

一学年结束,教师根据学生整个学年的表现集中考核,根据评价结果的等级,给学生颁发对应的奖励及表扬信。例如:每次活动表现都是优秀,颁发"自然之星""社会之星""历史之星""民族之星"等称号,激发学生的积极性与兴趣。评价结果也对学生当次的表现与参与度进行了总结,使得学生在下次学习中改善自己不好的地方。

(课程开发者:周安旺)

第二章

启言：品文溯义言开智

"语言是太阳，它的魅力在热烈；文字是月亮，它的魅力在宁静。语言乃思想之平台，文字为情感之载体，无论古今贤达，抑或中外凡人，均通过语言文字寄托其内在的思想智慧，传达其丰富的情感态度。千百年来，人类创造、积累了浩如烟海的语言文字，这些语言文字穿行于人类文明的历史长河中，徜徉在人们跳动的思想脉搏中。因此，在品读"之乎者也"中与古人真情对话，挖掘语言的宝藏；在诵读"ABCD"中感受异国风情，品味文字的艺术。你，定能用自己的笔、自己的心，谱写一曲曲感人肺腑的美丽诗篇。

寻根识字

古老的汉字，静静地沉睡，不是等待，只是守护。在黄泥中，在土垅里，用那斑驳损毁的身躯，捍卫文明千年的足迹，用抽象的符号，刻写心灵曾经的荣誉。让我们一起来寻根问底，捍卫古老文明吧！

【课程背景】

汉字是一种复杂的古老文字，每个汉字的背后都有着深刻含义或精彩历史。汉字的字形与它所表达的含义有着千丝万缕的联系。有的汉字本身就是古代人民生活、创造的表现，经过多年的演变成了今天的字形，但其表达的意义仍万变不离其宗。因此，小学语文教学中的汉字学习意义非凡——《义务教育语文课程标准（2011年版）》第一学段（1—2年级）学段目标中要求学生喜欢学习汉字，有主动识字、写字的愿望，初步感受汉字的形体美。

然而，实际在语文教学中发现，但凡在语文学习中感觉困难的学生，在一开始接触汉字时就遇到了瓶颈，识记汉字感到困难，不清楚为什么字形是这样，字的各部分与字义都有什么关系，又因为语文课程课时有限，在有限的时间内完成字、词、句、篇、章的学习，不能面面俱到，无法充分对生字进行追本溯源。

基于上述现实，并遵循我校"执爱为舵，扬帆启航"的办学理念，"寻根识字"这门课程从汉字的构字规律出发，通过让学生观察、想象、对比、描述来引导学生识字，教学生寻找民族精神的文化之根，旨在让学生感受经过古代人民的创造,汉字演变成了今天的字形,了解一些基本汉字所表达的意义,使学生达到见字明义的程度。

【课程目标】

1. 通过寻根识字学习,学生能了解汉字的构字规律,并正确书写。
2. 通过寻根识字学习,学生能认识汉字的演化过程,并能描述出来。
3. 增强学生对祖国悠久文化的认同感。

【课程内容】

"寻根识字"课程本着服务于语文课程,培养学生识字兴趣,提高学习语文能力的宗旨来安排课程内容。根据《义务教育语文课程标准(2011 年版)》要求第一学段(1—2 年级)学生认识常用汉字 1 600 个左右,要求会写其中 800 个左右。"寻根识字"课程选取了 396 个生活中常用到的汉字,遵循由易到难、由简到繁的原则,将同类字归为一个板块,尽量与教材识字同步,为每一个字配上一幅精美插画、200 字左右的精短故事,以及甲骨文、金文、小篆、隶书等字体演变,来揭示汉字诞生、演化的过程。

本课程主要在一、二年级中开展,共计 4 个学期 72 课时,具体内容编排如下:

一年级上学期计划安排 18 课时,主要是"画说汉字":每一个汉字,尤其是每一个甲骨文背后,都有一个或充满想象或温馨有趣的专属故事。本环节选择了 76 个常用汉字,每个字配上一幅精美插图,让孩子一眼看懂该字的本来意义。

一年级下学期计划安排 18 课时,主要给学生讲讲"汉字背后的故事":本环节选取了与小学生学习和生活密切相关的 114 个汉字,以轻松的笔调讲述汉字的根与源,以唯美的画面诠释汉字的形与义。

二年级上下两个学期计划各安排 18 课时,主要是给学生"说文解字"：学生可以通过本环节了解228个汉字常用字的起源和演变、本义和引申义，对中国文化形成一个初步的了解。

【课程实施】

本课程为一、二年级学生的必修课，每周1课时。本课程中所有的汉字教学均分为6个步骤来完成，即：看一看、想一想、比一比、猜一猜、说一说、听一听，具体教学过程如下：

1. 看一看：即由教师向学生出示图片，由学生描述其所看到的情景。低年级学生的口语表达能力相对较弱，那么通过相应的观察、细致的描述便能够自然而然地得到提升。

2. 想一想：即教师出示甲骨文范例，让学生在想象中思考、发现、了解该汉字的本源。

3. 比一比：即教师出示多个形似古文字，让学生在比较其异同点中掌握汉字的演化过程和本源含义。

4. 猜一猜：即教师出示汉字图片，并引导学生结合字音、形、义猜想汉字，进而再用汉字进行词语认读。

5. 说一说：即教师引导学生大胆说出对汉字的不同层面的理解。

6. 听一听：讲述汉字故事，借由有趣的故事让孩子了解汉字的演变过程。

在实施以上六个教学步骤过程中，教师通过合理创设教学情境，或者引入游戏教学法，引导学生看图识字，鼓励学生大胆猜测和表达，以充分调动学生识字的积极性和主动性，提高识字教学的效率，让识字教学回到中华文化中来，最终掌握汉字的本源。

【课程评价】

本课程主要采用过程性评价、结果性评价和终结性评价三种评价方法，通过三个环节的评价过程，以赏识的态度和发展的眼光看待学生，教

师和家长应以积极、理解、欣赏、关注的态度进行评价,激发学生的主体意识,使其主动参与评价。具体如下:

1. 过程性评价

任课老师每月对阶段性学习进行过程性评价,评价的主体由教师、学生、同伴、家长相结合。加强学生的自我评价和相互评价。了解学生是否读准字音、认清字形、理解字义、规范书写和独立识字,给予分值评价。具体评价内容和评价标准如下表:

"寻根识字"课程评价表

评价内容	分值	自评	互评	教师评	家长评	总评
读准字音	20					
认清字形	20					
理解字义	20					
规范书写	20					
独立识字	20					

2. 结果性评价

学期结束时对学生本学期的课程学习进行评价,评价的内容有三方面:其一,认识每一课所学的生字;其二,认真书写作业;其三,书写整洁、端正、规范。考查方法主要是以平时的记录(每月的课程评价)和集中随机抽查其中 20 个汉字两种方法为主。由老师或者小老师对每一课所学的生字评定成绩,学期结束后将老师、同伴的评价结合起来,综合出成绩,获得高分者为"寻根识字之星"。

3. 终结性评价

本课程学习结束,教师根据学生每个学期的结果性评价,给学生颁发对应的奖励及表扬信。如每个学期被评为"寻根识字之星"的,授予"识字小达人"的称号,学生的积极性与兴趣十分高涨,评价结果也对学生在本课程中的表现与参与度进行了总结。

(课程开发者:王君花)

卓越口才

口才好的孩子是自信的,卓越口才伴随孩子不断成长,让每一个童年都亮晶晶,让每一个孩子都学会表达自己的观点。

【课程背景】

卓越的口才伴随人一生的成长。《小学语文课程标准》明确提出:小学高年段学生要具有日常口语交际的基本能力,学会表达与交流,能根据对象与场合,稍作准备,作简单的发言。对自己身边的、大家共同关注的问题,或电视、电影中的故事和形象,组织讨论、专题演讲,学习辨别是非善恶。然而,当前小学生口语表达还存在一些问题,比如不敢大胆当众表达,说话声音小,口才基础参差不齐,因此,急需开发一门专门针对小学生口才训练的课程。

根据学校"小螺号课程"的培养目标要求:培养具有"爱心、聪慧、志趣、阳光"品质的启航娃,其中高年段育人目标要求学生保持学习的兴趣,乐于参与教学各环节的活动;学会倾听,善于合作、交流、分享、表达。为此,我们秉持"卓越口才,超越自我"的理念,开发了"卓越口才"课程,该课程主要给学生提供口才训练,因材施教,以帮助学生愿说、敢说、会说、爱说,让学生展现阳光、自信、完美的语言表达风采,展示自我,超越自我,以期通过卓越口才训练使学生的思想水平、思维能力、语言表达能力得到全面提高,以适应现代社会发展的需要。

【课程目标】

1. 能够准确流利地进行语言表达,语音规范,语句流畅,表达具有逻辑性;学会晚会、班会等活动主持技巧,掌握一定的表演能力。

2. 在口才训练过程中积极参与,能够敢说、会说、巧说,练就卓越口才。

3. 对朗诵、演说、表演产生浓厚的兴趣,体验到主持的乐趣。

【课程内容】

本课程围绕"卓越口才,超越自我"的理念,并遵循"先易后难、循序渐进"的原则,将课程内容分为五个单元,具体如下:

1. 语音优化训练

计划安排5课时学习,内容包括语音发声基础训练,声母韵母发音训练,基本口语表达训练,绕口令训练等,让学生学会规范、标准的普通话,说话表达流畅、准确自然。

2. 朗诵技巧训练

计划安排6课时学习,主要是让学生在朗诵的训练中达到朗诵的基本要求,做到字正腔圆、声情并茂。内容包含课文的朗诵、诗歌的朗诵、寓言故事和童话故事的朗诵等。

3. 演说表达训练

计划安排5课时学习,主要通过自我介绍、讲述故事、主题演讲、竞选演讲、节日演讲等活动内容,锻炼学生的演说表达能力,展示学生自信阳光的风采。

4. 表演艺术训练

计划安排6课时学习,主要内容为(1)表演基本功训练,学会角色配音,体会影视剧作品的配音艺术。(2)学会简单的曲艺表演:相声,掌握相声艺术的基本要求;快板,训练学生能说能唱的艺术;课本剧、话剧表演,让学生在剧本表演训练中掌握基本的表演艺术、语言艺术。

5. 主持技能训练

计划安排 6 课时学习,主要内容为了解主持的基本流程,掌握主持的基本技能和方法,学习学校活动、班会队会的主持和学校广播站、电视台节目主持、新闻播报、文艺晚会主持等,不断展示自我,超越自我,实现自己的风格和魅力。

【课程实施】

本课程为四、五年级选修课。一学年为一个教学周期,上学期 14 课时,下学期 14 课时,共 28 课时,每周一课时,每课时 40 分钟。教师课前查阅演讲与口才训练相关的书籍、网络资源等资料,选择适合五年级学生的学习内容,编写《卓越口才》校本教材,按校本教材内容的五个单元分阶段实施教学:

1. 第一单元:语音训练

对学生进行普通话语音训练、绕口令训练。通过教师示范、模仿视频音频发音等方式,学习拼音的发声方法,读准声母、韵母、声调等,通过基本语音训练,让学生说话时语言流畅、吐字清晰、准确规范。

2. 第二单元:朗诵训练

通过欣赏朗诵视频、教师亲身示范、学生模仿练习等方式,对学生进行课文、诗歌、寓言故事和童话故事等的朗诵训练,让学生掌握朗诵的基本要求和技巧。

3. 第三单元:演说训练

通过示范、模仿、展示等训练,以自我介绍、讲述故事、主题演讲、竞选演讲、节日演讲等活动内容为载体,教给学生演说技巧,让学生进行神态、动作、语气、语速等方面练习,让学生在练习中掌握演说技巧。

4. 第四单元:表演训练

通过故事角色扮演、角色配音、欣赏视频作品、模仿扮演作品中不同的人物,选取童话故事、寓言故事、经典著作、戏剧剧本等进行训练,提高学生的语言表达能力。通过相声、快板等训练,提高学生的表演水平。

5. 第五单元:主持训练

通过在学校演播室、报告厅、班级教室创设学校活动或者班会队会的情境,让学生轮流充当主持人的角色,在生动有趣的活动中引导学生学习主持技巧,充分利用学校活动、班会队会、广播站、电视台等舞台,让优秀的学生锻炼展示,感受主持的气氛,提高主持的艺术,积累主持的经验。

【课程评价】

本课程采用每月专项的过程性评价和期末竞赛的总结性评价两大评价方法,以评价学生的口才训练效果,提高学生的表达能力,增强学生的学习兴趣。具体评价方法如下:

1. 过程性评价

由科任教师根据卓越口才训练目标要求进行评价,把每次训练的评分汇总,每月评出 20 名"卓越口才之星"。

姓名	评价项目				
	积极参与 兴趣浓厚 20%	互帮互助 共同提高 20%	语音准确 表达流利 40%	大胆展示 毫不怯场 20%	综合 评定

2. 总结性评价

课程结束后,由科任教师在期末进行演说竞赛、主持人竞选,评选出"卓越口才之星"和"卓越主持人",并颁发奖状。

姓名	评价项目				
	语言流畅 20%	精神面貌 20%	才艺展示 20%	演说效果 40%	综合 评定

（课程开发者：邓之富）

导图习作

写作是一种思维,用思维导图进行习作激发学生的发散思维和丰富的想象,写作的源泉就会源源不断地流淌——它可以让儿童的心灵自由歌唱,也可以让我们倾听到花开的声音。

【课程背景】

习作教学在语文教学中一直具有无可替代的重要地位。《义务教育语文课程标准(2011年版)》在总目标中明确提出了习作的要求:"能具体明确、文从字顺地表述自己的意思。能根据日常生活需要,运用常见的表达方式写作。"《语文课程标准》在实施建议中也指明:"写作教学应贴近学生实际,让学生易于动笔,乐于表达,应引导学生关注现实,热爱生活,积极向上,表达真情实感。"

但在实际教学中,学生的习作满是空话、套话、假话,没有自己的真实想法。或者下笔千言,但言之无物;或者寥寥几笔,无话可说;或者语言苍白,毫无个性。而教师的习作教学也缺乏创新设计,主要还是以讲授法为主,教学方式、方法比较单一,让学生感到毫无兴趣可言。

根据学校"小螺号课程"的培养目标要求:培养具有"爱心、聪慧、志趣、阳光"品质的启航娃,其中高年段育人目标要求学生善于思考,能在某些学科中表现出独特的创新思维,善于合作、交流、分享、表达。"导图习作"课程运用思维导图的思考方式,让学生在习作中学会审题、立意、选材,掌握写作技巧,把握文章结构,充分地展开想象和联想,让学生在习作中下笔千言,文思泉涌。教学中主要以习作所要表达的主题思想为中心,激发学生的发散思维,打开学生的写作思路,把大脑中的思维和想法完整地呈现出来,再搜集习作素材,理清文章脉络,选择习作方法,并牢牢把握住主题和重点难点,使得学生习作时有话可写。特别是学生在自己绘制思维导图的过程中,呈现内心的真实想法,使得习作有逻辑性和条理性。本课程体现的理念是"导图习作,轻松作文"。让孩子在画中学,在玩中学。喜欢画画的孩子,可以开开心心地画作文;头疼作文的孩子,可以简简单单写作文;害怕作文的孩子,可以轻轻松松学作文。让老师轻松教作文,让孩子轻松写作文,让老师爱教作文,让孩子爱写作文。教师在习作教学中能够更加有创造性,提高学生的习作兴趣。同时,也让学生在导图习作训练的过程中,有话可说、有话可写、自由表达。

【课程目标】

1. 通过本课程,学生能够学会借助思维导图进行习作的基本方法,让学生在导图习作训练中把握习作特点、理清习作思路、掌握习作技能。

2. 借助思维导图的训练过程,激发学生的发散思维和创造思维,让学生在思维训练过程中打开学生的写作思路,掌握写作方法。

3. 通过思维导图习作,培养学生习作的兴趣和爱好,让学生乐于表达,让学生爱上习作。

【课程内容】

"导图习作"课程内容根据主题来划分,主要分为"人物素描展""叙事直播间""写景长画廊""状物大观园""游记万里行""想象漂流瓶""应用大杂烩"七个单元,每个单元开设有"绘声绘色""审题立意""轻松选材""把握结构""奇思妙想""语言积累"六个主题板块。课程共计28课时,分为上、下两个学期分阶段实施,其中上学期安排3个单元共计12课时的课程学习,下学期安排4个单元共计16课时的课程学习。具体内容编排如下表：

学期	单元	主题板块	内容	课时
上学期	人物素描展	绘声绘色	人物描写的思维导图绘画	1
		学会审题	突出人物的特点	2
		轻松选材	选择人物外貌、性格、事例等材料	
		把握结构	人物描写的作文结构	
		奇思妙想	展开想象和联想，生动表达	
		语言积累	积累人物描写的优美词语句段	1
	叙事直播间	绘声绘色	叙事作文的思维导图绘画	1
		学会审题	确定叙事的主题	2
		轻松选材	围绕主题选择典型的材料	
		把握结构	叙事作文的结构方式	
		奇思妙想	展开想象和联想，生动表达	
		语言积累	积累叙事作文的优美词语句段	1
	写景长画廊	绘声绘色	景物描写的思维导图绘画	1
		学会审题	突出景物的特点	2
		轻松选材	根据景物的特征选材	
		把握结构	景物描写的作文结构	
		奇思妙想	展开想象和联想，生动表达	
		语言积累	积累景物描写的优美词语句段	1
下学期	状物大观园	绘声绘色	状物描写的思维导图绘画	1
		学会审题	突出事物的特点	2
		轻松选材	围绕事物的特点选材	
		把握结构	状物描写的作文结构	
		奇思妙想	展开想象和联想，生动表达	
		语言积累	积累状物描写的优美词语句段	1
	游记万里行	绘声绘色	参观游记的思维导图绘画	1
		学会审题	参观游记的美景感受	2
		轻松选材	根据游记的体验选材	
		把握结构	游记的表达顺序	
		奇思妙想	展开想象和联想，生动表达	
		语言积累	积累游记习作的优美词语句段	1

学期	单元	主题板块	内容	课时
		绘声绘色	想象作文的思维导图绘画	1
		学会审题	确定想象作文的主题	
	想象漂流瓶	轻松选材	围绕主题选择典型的材料	2
		把握结构	想象作文的结构方式	
		奇思妙想	展开想象和联想，生动表达	
		语言积累	积累想象习作的优美词语句段	1
		绘声绘色	应用文的思维导图绘画	1
		学会审题	确定应用文的主题	
	应用大杂烩	轻松选材	围绕主题选择典型的材料	2
		把握结构	应用文的结构方式	
		奇思妙想	展开想象和联想，生动表达	
		语言积累	积累应用文习作的优美词语句段	1

【课程实施】

本课程为四、五年级选修课。通过编写校本教材《思维导图习作指导》，对学生开展习作教学。一学年为一个教学周期，上学期 14 课时，下学期 14 课时，共 28 课时，每周一课时，每课时 60 分钟。由语文教师在学校每周安排的校本课程中开展教学。具体教学流程如下：

1. 学会思维导图

通过示范教学，指导学生掌握绘画思维导图的基本方法、基本步骤，掌握思维导图的符号、颜色、文字、图画、线条、空间、背景、节奏和其他形象的综合运用，学会运用思维导图和习作结合起来。

2. 学会审题立意

通过案例分析的教学方法，让学生在习作中学会审题、立意；通过绘制习作思维导图，让审题更加清晰，立意更加高远。

3. 学会文章选材

通过对写人、写景、状物、游记、想象作文等不同文体习作的指导，让学生学会根据中心内容和主题思想选择习作材料。

4. 学会文章结构

通过思维导图的发散性思维,让学生学会快速把握文章结构,突出习作要点,重点突出,结构分明,条理清楚。

5. 学会想象联想

通过利用思维导图,激发学生的想象力,打开学生的思维,让学生观察生活、体验生活、感受生活,并运用到写作当中。发挥想象,展开联想,让学生在习作中自由歌唱。

6. 学会语言积累

通过思维导图指导学生系统积累习作素材,积累习作语言,积累好词好句,让自己的语言更加形象生动,让习作更加充满活力。

【课程评价】

本课程采用每月专项的过程性评价、展示性评价和期末检测考核的终结性评价三种类型,具体评价方法如下:

1. 过程性评价

每个单元教学完成后,采用自评与他评(老师,同学)相结合的方式进行过程性评价,评价内容分为创意导图、最佳立意、材料新颖、结构清晰、奇思妙想、语言丰富六个板块,总评分前 10 名同学,评为"思维导图小作家",并颁发奖状。

评价指标	分值	评价		
		自评(30%)	教师评价(40%)	同桌评价(30%)
创意导图	25			
最佳立意	15			
材料新颖	15			
结构清晰	15			

评价指标	分值	评价		
		自评(30%)	教师评价(40%)	同桌评价(30%)
奇思妙想	15			
语言丰富	15			
总评				

2. 展示性评价

每周由科任老师根据学生提交的习作评选出"思维导图小作家"优秀作品(评价标准同下表),在班级"优秀作品栏"里进行展示,让学生互相欣赏,并将最后的成果汇总出版优秀作文集。

3. 终结性评价

由科任老师负责在期末开展思维导图习作现场作文比赛,根据评价分为创意导图、最佳立意、材料新颖、结构清晰、奇思妙想、语言丰富六个板块。评选出 20 名"思维导图小作家",并颁发奖状。

"思维导图小作家"优秀作品评价表

项目 \ 姓名	创意导图(25%)	最佳立意(15%)	材料新颖(15%)	结构清晰(15%)	奇思妙想(15%)	语言丰富(15%)	总分
学生一							
学生二							
……							

(课程开发者:邓之富)

随文读写

"腹有诗书气自华。"阅读,可以让我们增长知识、拓展视野,也可以将知识和视野转化为写作的智慧经验,让我们快乐阅读、自由写作吧!

【课程背景】

小学语文教学中,始终存在两大重点和难点:阅读和写作。阅读是运用语言文字获取信息、认识世界、发展思维、获得审美体验的重要途径,写作则是运用语言文字进行表达和交流的重要方式,是认识世界、认识自我、创造性表述的过程。

《义务教育语文课程标准(2011年版)》明确规定:一、通过阅读"能初步把握文章的主要内容,体会文章表达的思想感情";"能对课文中不理解的地方提出疑问";"能复述叙事性作品的大意,初步感受作品中生动的形象和优美的语言,关心作品中人物的命运和喜怒哀乐,与他人交流自己的阅读感受";"诵读优秀诗文,注意在诵读过程中体验情感,展开想象,领悟诗文大意"。二、写作"要乐于书面表达,增强习作的自信心";"愿意与他人分享习作的快乐。观察周围世界,能不拘形式地写下自己的见闻、感受和想象,注意把自己觉得新奇有趣或印象最深、最受感动的内容写清楚"。

但在实际教学中,学生的阅读和写作普遍存在以下问题:一是缺乏阅读兴趣和阅读技巧,说起作文就心烦;二是复制作文书;三是说空话、编假话,语句不通顺,事情说不清楚,语无伦次,颠三倒四,想象力也较差。四是老师的作文教学缺乏针对性,创新性不强,难以激起学生的习作兴趣。

　　针对以上要求和当前教学实际,根据学校"小螺号课程"的培养目标,我们开设了"随文读写"校本课程,该课程秉持"读中悟写,读中学写"的语文学科学习理念,力求实现"读"与"写"的统一,将读与写相结合,以激发学生的阅读兴趣,提高学生的写作能力,提高课堂教学的质量,最终达到双赢的目的。

【课程目标】

　　1. 通过本课程的学习,增加学生的阅读量,开阔学生的阅读视野,并学会写通顺、完整的习作。

　　2. 通过读写结合的训练,让学生掌握阅读技巧,提高阅读速度;掌握写作的顺序和写作基本要领。

　　3. 通过读写结合,激发学生的写作兴趣和发散思维,让学生乐于书面表达,增强习作的自信心,愿意与他人分享习作的快乐。

【课程内容】

　　本课程从词句教学到段篇教学的过渡,进行仿写,由浅入深,抓好读写训练,不断将知识转化为能力。主要分为"模仿写作"、"想象写作"、"感悟写作"、"创新写作"四个主题内容,具体内容安排如下:

　　上学期计划安排 2 个单元共计 8 课时的课程学习。

　　第一单元模仿写作:仿句型读写结合,计划安排 4 课时。仿句型读写结合是让学生仿写课文中的精彩句子和片段。小学语文中的仿写主要包括对照句子的修辞手法和文章的段落结构学着写。教师在教学中引导学生结合具体语言句子进行品析进行模仿,不仅培养学生鉴赏美的能力,还进一步体会作者的表达方式。

　　第二单元想象写作:改编型读写结合,计划安排 4 课时。改编型读写结合教学主要有四种形式,一是续写,二是缩写,三是扩写,四是补白。

学生根据原文中的故事情节、人物动作、心理活动、环境等进行想象拓展，在这种活跃的思维引导下，学生对原文的阅读、理解，以及正在生成的文字表达皆形成了良好的促进作用。

下学期计划安排2个单元共计8课时的课程学习。

第三单元感悟写作：感悟型读写结合，计划安排4课时。感悟型读写结合教学就是阅读文章后写出自己的感受和联想，最常见的形式即写读后感，它既可以是对文本内容的看法，也可以是自己的情感表达，还可以是文本内容的拓展想象，主要是读出自己的感触和见解。分为四课时，这种形式有利于学生联想能力的激发和情感的表达，在领会作者表达的情感同时，也丰富自己的感受和体验。

第四单元创新写作：改写诗文读写结合，计划安排4课时。改写诗文读写结合主要是深刻理解课文的主要内容，把握课文的中心思想，把文章改成另一种体裁的作文。分为四课时，皆在激发学生的想象和联想，而且增强了训练的趣味性，因而激起了学生的练笔欲望，点燃了学生的智慧火花。

【课程实施】

本课程通过编写校本教材《随文读写》进行习作指导，对学生开展习作教学。一学期为一个教学周期，共16课时，每周一节课，每节课40分钟。由语文教师在学校每周安排的校本课堂中开展教学。根据教材安排"模仿写作""想象写作""感悟写作""创新写作"四个主题内容。实施教学过程如下：

1. 模仿写作

首先，句子仿写：①仔细揣摩例句，寻找和例句在内容上与结构上的相同点；②依据例句的特点，仿抄相同点改写不同点；③仿写句子。

其次，段落仿写：①了解段落结构的特点及作用；②仿写段落。

2. 想象写作：①引导回忆故事内容，激发兴趣；②明确习作要求；③激发想象，续编故事。

3. 感悟写作：①引导学生质疑课题；②让学生带着问题自读课文；③分析、解决质疑的问题；④再度细读，品味其中深长的意味；⑤升华情感，写下体会。

4. 创新写作：①阅读习作要求，明确训练内容；②回顾写自我介绍的写法；③回顾课文内容，引导学生说话；④学生结合课文内容，创新写作。

【课程评价】

本课程采用每月专项的过程性评价、展示性评价和期末检测考核的终结性评价三种类型，具体评价方法如下：

1. 过程性评价

每单元学习过程中进行过程性评价，主要采用自评与他评（老师与同学）相结合的方式，评价学生的写作作品（具体评价标准如下表）。总评分前 10 名的学生，评为"读写结合小作家"，并颁发奖状。

过程性评价打分表

评价内容	分值	评价		
		自评(30%)	教师评价(40%)	同桌评价(30%)
字迹工整、美观	10			
语句通顺流畅，熟练使用成语	25			
正确使用标点符号	10			
结构清晰、完整	20			
内容具体、生动	25			
字数在 250 以上	10			
总评				

2. 展示性评价

每周由科任老师根据学生提交的习作评选出"读写结合小作家"优

秀作品,在班级"优秀作品栏"里进行展示,让学生互相欣赏,并将最后的成果汇总出版优秀作文集。

3. 终结性评价

由科任老师负责在期末开展习作现场作文比赛,并根据评价标准评选出 20 名"读写结合小作家"(具体评价标准详见下表),并颁发奖状。

"读写结合小作家"优秀作品评价表

项目 姓名	字迹工整 (10%)	语句通顺 流畅,使用 成语(25%)	正确使用 标点符号 (10%)	结构清晰 (20%)	字数在 250 以上(25%)	内容具体、 生动(10%)	总分
学生一							
学生二							
学生……							

(课程开发者:王晶)

英语歌曲童谣

跟我来吧,这里不仅有悦耳动听的英文歌曲,也有朗朗上口的英语童谣,让我们一起回到童年,回到大自然,感受时光的美好。

【课程背景】

英语童谣是小学英语教学过程中重要的组成部分,2011 年颁布的《义务教育英语课程标准》对小学生学习英语歌曲提出了明确的要求,即学生"能学唱英语歌曲和童谣 15 首左右",同时,课标也要求教师可自行推荐经典的歌曲童谣,以提高学生的学习兴趣。

由于幼小衔接等现实因素,一年级学生缺乏英语的语言学习环境,在刚接触陌生的英语学习时大部分学生有畏难情绪,导致英语学习的积极性不高,进而影响学习效果。因此,英语教学在教学内容、教学方式方法等方面亟待创新。

基于以上现实,结合学校"小螺号课程"培养具有"爱心、聪慧、志趣、阳光"品质的启航娃的育人目标和一年级学生的年龄特点,我们开设了"英语歌曲童谣"课程,以通过演唱歌曲和童谣的方式激发他们的学习兴趣,并在演唱歌曲和童谣中感受英语学习的乐趣,提高英语的语感。

【课程目标】

1. 通过本课程的学习,使学生能熟练演唱、表演耳熟能详的 16 首英语童谣,并能根据要求自创简单的英语童谣。

2. 通过本课程的学习,使学生在演唱英语童谣过程中寻找并加深对英语语音、语调的了解,逐步掌握英语发音的方法。

3. 通过本课程的学习,激发并充分调动学生学习英语的积极性,并在演唱英语童谣过程中培养他们热爱生活、热爱学习的心理品质。

【课程内容】

根据学生的现有基础,我们选取了 16 首适合低年级孩子学唱的英文歌曲,并遵循"先易后难"的原则,将教学内容分成上、下两个学期共计 8 个单元:上学期安排 4 个单元的教学内容,主要从最简单的英文字母歌开始,并逐步过渡到学习日常用语;下学期安排 4 个单元的教学内容,从学习动物和自然景象的英文歌曲,逐步提高到学生自创歌曲。具体课程内容编排如下:

上学期安排 4 个单元的课程学习,共计 18 课时。

第一单元计划安排 2 课时,主要学习简单的英文字母歌 The Chant of ABC;

第二单元计划安排 4 课时,主要学习日常习惯用语 Good Morning, Follow Me, What is Your Name? How Do You Do?

第三单元计划安排 6 课时,学习常见食物的英文表达,主要是 Apple Tree, I Love Noodles, Fish, Soup。

第四单元计划安排 6 课时,主要学习常见动物的相关英文歌曲,如 Froggie, Froggie; The Animal Sounds Song; Fly, Fly, The Butterfly; My Puppy, Two Little Black Birds。

下学期安排 4 个单元的课程学习,共计 18 课时。

第五单元计划安排 6 课时,主要学习有关自然景象的歌曲,如 Season; Snow、Snow、Snow; Rain, Rain, Go Away 等;

第六单元计划安排 4 课时,主要在前五个单元学习的基础上,引导学生大胆自创关于食物的歌曲,并能熟练演唱;

第七单元计划安排 4 课时,主要引导学生大胆自创关于动物的歌曲,并能熟练演唱;

第八单元计划安排 4 课时,主要引导学生自创关于自然景象的歌曲,并能熟练演唱。

【课程实施】

本课程为一年级的选修课,每周 1 课时,共 16 个课时,每课时 40 分钟。本课程的学习资料主要来源于教师刻录的 16 首英文歌曲 VCD,同时,教师在教学过程中为所有歌词配上相应的动作。具体的教学实施过程如下:

1. 课前导入

利用耳熟能详的歌曲导入,活跃课堂气氛,激发学生的学习动机。

2. 新课呈现和操练

每首歌曲播放五遍,具体过程如下:

第一遍播放歌曲,并配合歌曲用多媒体投放出动画歌词,让学生对所有的歌词有初步的认识。

第二遍播放歌曲,伴随着丰富的肢体语言,教师引导孩子大胆猜想歌曲大意,初步了解歌曲的主题。

第三遍播放歌曲,学生边听边跟读演唱。教师可根据学生的学习实际情况,讲解歌曲中涉及的陌生单词、短语或是句子。

第四遍播放歌曲的时候,教师配合歌曲做简单易学的示范性动作,学生根据教师的肢体动作边演边唱。

最后一遍是教师再次演唱,儿童用动作把歌词大意完整呈现出来。

3. 巩固与拓展

首先,在学会演唱并理解整首歌曲大意的基础上,教师引导学生用歌词中的部分单词进行替换,鼓励孩子大胆创新自创歌曲。

其次,安排组织小组表演唱、轮唱、接唱、对唱、个人表演等多种形式,鼓励学生大胆展示。

4. 小结

教师对教学内容进行总结,对学生的表现进行点评,布置作业,为下一节课做准备。

【课程评价】

本课程主要采用过程性评价、结果性评价和终结性评价等三种评价方法来评价学生的课程学习情况。具体如下:

1. 过程性评价

本评价主要在每次课上进行,评价内容主要是学生的听、唱、表演歌曲等情况(具体评价标准见下表)。评价采取"小组奖励栏"。得分最高的小组全组给予适当的物质奖励。

过程性评价评分标准

评价内容	评价标准	分值	小组 1	小组 2	小组……
听歌曲	认真倾听,并在听的过程中猜测歌词大意	20			
唱歌曲	能够声音洪亮地演唱歌曲	30			
表演能力	能配合歌词和教师的示范边唱边做动作	30			
综合能力	单独的演唱和表演台风好,表演到位	20			

2. 结果性评价

学期中,教师对学生集中考核一次,考核内容主要是唱歌和展示两项的综合表现(详见下表),分数前 10 名的同学评为"Super Star"并颁发奖状。

结果性评价打分表

评价内容	评价标准	分值	评价打分
歌曲演唱	歌曲演唱流利,语速均匀	35	
展示情况	发音清楚准确、语音语调恰当	35	
表演能力	自然、大方、不做作;动作表演到位,恰当地表现了歌曲的大意	20	
综合能力	演唱和展示的综合表现	10	
总分			
评语			

3. 终结性评价

学期末,通过汇报演出,邀请英语组老师、音乐组老师对学生的表演进行综合性评价(详见下表),得分高的前 10 名同学给予奖励。

终结性评价打分表

评价内容	评价标准	分值	评价分值	
			英语组教师	音乐组教师
歌曲演唱	歌曲演唱流利,语速均匀	35		
展示情况	发音清楚准确、语音语调恰当	35		
表演能力	自然、大方、不做作;动作表演到位,恰当地表现了歌曲的大意	20		
综合能力	演唱和展示的综合表现	10		
总分				
评语				

（课程开发者：黄小雅）

课程 2-6

英语故事会

这里不仅有优美动听的国外故事，还有引人入胜的异国风情。让我们一起在故事中感受外国文化，品味国外英文经典吧！

【课程背景】

英语阅读能力是英语听、说、读、写四项能力中非常重要的一项，学生的阅读能力影响着学生的英语学习。扩大学生的阅读量，教会学生阅读方法，养成学生良好的阅读习惯，是现阶段英语教学的重要目标。2011 年版的《义务教育英语课程标准》中也把"在图片的帮助下听懂、读懂并讲述简单的故事"等阅读能力作为小学英语学习的基本要求。

现阶段，英语阅读课堂教学模式和阅读材料过于单一，部分教师偏重词汇和语法教学，形式僵化，不具有创造性，学生处于被动学习状态，缺乏阅读兴趣和积极主动思考的能力。因此，急需在传统的英语教学中创新教学内容、改革教学方式方法。

我们英语教研组经过讨论一致认为，英语故事教学作为一种教学模式，给学生创造整体的语言环境，培养学生多方面的语言能力及英语综合能力。为此，根据学校"小螺号课程"提出的高年段育人目标，即培养学生善于思考，能在某些学科中表现出独特的创新思维，善于合作、交流、分享、表达的要求，我们开设了"英语故事会"这门课程，以给学生创造整体的语言环境，培养学生多方面的语言能力及英语综合能力，促进学生的主动发展，提高英语课程的教学质量。

【课程目标】

1. 通过故事教学有效策略的运用,学生掌握一定的英语基础知识和听、说、读、写技能,形成一定的语言综合运用能力、逻辑思维能力和综合人文素养。

2. 在阅读故事的过程中,通过提出问题和讨论,提高学生辩证思维能力、统筹规划能力和协同合作能力。

3. 通过课程的学习,帮助学生认识自我、激发创意,提高对英语的学习热情。

【课程内容】

本课程在内容设计上遵循"循序渐进,先易后难,由简单到复杂"的原则,学年上学期先从单词量少、图片为主的绘本故事开始,以培养良好习惯为主题,让学生逐渐熟悉本课程的教学模式。接着逐渐增加文章长度和单词量,过渡到寓言故事,激发学生学习英语的兴趣。下学期以童话故事、文化故事为主题,让学生在故事中了解英美文化,朗读经典,循序渐进地促进学生语言能力、思维能力以及跨文化交际能力的全面提升。具体课程内容编排如下:

上学期计划安排 18 课时,主要安排学习两个主题故事。

主题一绘本故事:*Say Please*,*Little Bear*,*David Goes to School*,*Good Habits*,分为 9 课时,旨在通过阅读,培养学生的良好习惯。

主题二寓言故事:*The Rabbit and the Fox*,*A Clever Hare*,*Look at the Sky from the Bottom of a Well*,分为 9 课时,通过寓言故事的学习,引导学生思考,启发人生哲理。

下学期计划安排 18 课时,主要安排学习两个主题故事。

主题三文化故事:*The Three Meals of American*,*The Longest Word in English*,*The Clever King Solomon*,分为 9 课时,通过文化故事

的渗透，让学生初步了解英美文化。

主题四童话故事：*The Ugly Duckling*，*The City Mice and The Country Mice*，*Snow White*，分为 9 课时，让学生朗读经典，品味经典。

【课程实施】

本课程为五年级必修课，每周 2 课时，通过不同主题的英语故事，对学生开展英语阅读教学。通过互联网、多媒体课件、音像资料等多种渠道获取教学资源。每个故事由导入课题、呈现新课、理解故事和拓展学习四个部分组成。具体实施过程如下：

1. 导入课题

上课前，英语教师利用对话、游戏、歌曲或复习等方式导入故事情节，引发学生的学习兴趣和学习动机。

2. 呈现新课

第一步，介绍故事：通过图片、视频等多媒体资源介绍故事主题，减少学生学习障碍。

第二步，整体感知：教师采用讲述或播放音频、视频等方法整体呈现故事内容，要求学生大概听出故事发生的时间地点、主要人物及故事内容，以强化学生的听力技能。

第三步，提问深化：在整体感知故事后，要让学生更深入地理解故事内容。可用分段听、分段朗读、分段默读、分段表演、分段解释等方法帮助学生理解故事。教师在讲解故事时可根据故事发展的线索、情感等来分解故事。让学生在图片、关键词或句的提示下，根据故事发展和需掌握的知识进行提问，帮助学生更深入地理解故事，理解所学的单词和句型，掌握语言知识。

第四步，理解故事：掌握故事主题后，教师利用图片、主要词句和思维导图，引导学生对整篇故事进行复述，让学生把故事情节串起来。在复述完故事后，学生进行表演。表演是帮助学生内化并引出新内容的过程。激励学生进行表演，让学生更好地运用语言，发挥学生的想象力和创造力。

第五步,拓展学习:在学完故事后,组织一些有趣的活动,检查学生掌握知识的情况。通过续写故事、编写对话、阅读更多相关的故事,学生能更好地运用英语,喜欢英语。

3. 小结

对本次课内容进行简单小结,引导学生回顾本次课的主要内容,并适当布置课后作业。

【课程评价】

本课程主要采用过程性评价及课程结束后的结果性评价两种形式。具体评价方法如下:

1. 过程性评价

在学习完每个故事后,科任教师采用自评与他评(老师,同学)相结合的方式进行评价打分(具体评价标准详见下表),对总评分前 10 名同学给予奖励。

过程性评价打分表

评价内容	评价标准	分值	评价方式		
			自评	同桌评价	教师评价
学习态度	学习积极性	10			
	小组合作参与度	10			
学习习惯	听的习惯	20			
	说的习惯	20			
	读的习惯	20			
	写的习惯	20			
总分					
评语					

2. 结果性评价

学期末,英语科任教师对学生集中考核一次,通过口试(以抽签的方式对所学故事进行复述)和笔试(以学期所学故事为考点出 50 分试卷)两部分进行,分数前 10 名同学评为"英语阅读之星"并颁发奖状。口试评价内容和评价标准如下表:

结果性评价打分表

评价内容	评价标准	分值	评价打分	
			学生互评	教师评价
1. 内容表达	故事内容表达完整,思路清晰	10		
2. 语音语调	发音清晰标准,口语自然流利	10		
3. 情感表现	动作表情富有感染力	10		
4. 角色表现	角色表演到位,肢体语言丰富	10		
5. 仪容仪表	面部干净、服装整洁	10		
总分				
评语				

(课程开发者:齐锐)

快乐的英语短剧场

在这里,你可以漫游在奇妙的动画世界中,开启童话世界的神秘之旅,让我们一起身临其境,体验表演的乐趣,畅享丰富的校园生活,共享欢乐童年。

【课程背景】

《义务教育英语课程标准(2011 年版)》中一、二级目标提到"能做简单的角色表演","能在教师的帮助下表演小故事或小短剧"。可见,英语教学非常注重对某些短文、小说、故事、寓言或是动画、电视、电影等进行改编,在课堂上用表演的形式展现出来。通过合作表演的方式,让学生积极参与其中,促进交流与协作,发展学生的综合语言运用能力,使语言学习的过程成为学生形成积极的情感态度、主动思维和大胆实践、提高跨文化意识和形成自主学习能力的过程。

然而,目前的英语教学仍然存在较多问题,尤其是课堂上过分重视语法和词汇知识的讲解与传授,不仅忽视了对学生实际语言运用能力的培养,也使部分学生产生了畏惧心理。

基于以上现实,并遵循学校"小螺号"的育人目标要求,我们开设了"快乐的英语短剧场"(Happy English Short Plays)课程,旨在为学生营造浓厚的英语学习氛围,让学生在轻松的环境中大胆表达自己,在交流与展示的过程中,体会英语学习的乐趣,感受英语语言文化的丰富多彩;同时帮助学生建立起学习英语的自信心,在交流与实践的过程中不断扩大自己的视野。

【课程目标】

1. 通过对短剧故事的阅读,扩大单词量;通过动画配音、台词对白的训练,形成正确的语音语调基础;学会用英语改编故事,并能设计台词进行舞台表演。

2. 通过剧本阅读训练,掌握推断词义的技巧;通过故事创编训练,提升学生的想象力和创造性思维。

3. 通过短剧表演和故事创编,体验英语短剧表演的乐趣,促进情感的表达与交流,激发学生对英语学习的热情,培养学生积极参与、乐于合作的良好习惯。

【课程内容】

课程采取分阶段、由浅入深的方式,针对英语短剧表演所需的各项知识设计教学内容,逐步引导学生掌握短剧表演的技巧,激发学生的热情,提升学生表演的能力。课程以一个学期为教学周期,共计 32 个课时,课程内容根据不同主题,分为 6 个单元。

第一单元:动画欣赏,计划安排 6 课时,主要是观看迪士尼经典动画:Snow White and Seven Dwarfs(白雪公主和七个小矮人),Pinocchio(木偶奇遇记),Alice in Wonderland(爱丽丝梦游仙境),The Lion King(狮子王),Tinker Bell(奇妙仙子),Up(飞屋环游记),Frozen(冰雪奇缘),Coco(寻梦环游记)。

第二单元:配音练习,计划安排 4 课时,主要是对学生单词发音的准确性和句子朗读时语音语调的正确性进行练习和纠正。

第三单元:剧本阅读,计划安排 10 课时,主要通过自主阅读剧本的方式,提升学生的阅读能力。

Topic1:《安徒生童话》——The Ugly Duckling《丑小鸭》, The

Emperor's New Clothes《皇帝的新装》，The Little Match Girl《卖火柴的小女孩》，3 课时；

Topic2：《格林童话》——Snow White《白雪公主》，Little Red Riding Hood《小红帽》，Cinderella《灰姑娘》，3 课时；

Topic3：迪士尼动画——Dumbo（小飞象），Peter Pan（小飞侠），Pinocchio（木偶奇遇记），4 课时。

第四单元：表演训练，计划安排 4 课时，主要是对学生的语言表达、动作表情、角色配合进行整体训练。

第五单元：故事改编，计划安排 6 课时，主要引导学生对绘本故事进行简单的合情合理的改编，以培养学生英语写作的能力。

第六单元：汇报演出，计划安排 2 课时，主要是将小组精心改编的剧本搬上舞台，进行展示和评比。

【课程实施】

本课程为五年级选修课，以一个学期为教学周期，每周一个课时，共 16 个课时，每课时 40 分钟。课程通过各类童话书籍、互联网、多媒体课件、音像资料等多种渠道获取教学资源。

在学生表演训练的过程中采用摄像机全程录像的方式进行记录。教学实施过程如下：

（一）课前热身

通过小游戏或演唱耳熟能详的歌曲来活跃课堂气氛，激发学生的学习动机。

（二）主题呈现

1. 听：播放动画，让学生通过看和听，初步了解短剧表演的相关内容，感知英语语言对话中语音语调的变化。

2. 说：采用教师带读、学生跟读和小组对话朗读的方式，不断调整不同情境中角色对白语音语调变化。在此过程中，教师要纠正学生的单词发音。

3. 读：教师提供短剧剧本，帮助学生做到通读剧本，把握主旨大意。

① pre-reading：采用头脑风暴法，让学生根据剧本标题猜测故事内容；

② while-reading：教师给学生设置梯度型阅读任务，让学生带着问题进行阅读，并引导学生掌握联系上下文猜测词义的能力。（如：选择、判断、问答、填空、连线、排序、复述）

③ post-reading：结合故事的五个关键词"Who，When，Where，What，Why"对剧本进行小结，明确要完成此剧本表演所需的因素。

4. 写：教师引导学生对故事发展过程和结局展开合理想象，然后运用所学过的句型进行故事续写和改编创作。

（三）提高训练

首先，引导学生借助图片和头饰对改写后的故事进行对话操练。然后，教师帮助学生将改编后的故事转换成剧本，指导学生进行表演展示。

（四）小结

每节课后，根据所学内容和各项任务的完成情况进行小结，肯定优点并提出改进建议，布置家庭练习任务，为下节课做好准备。

【课程评价】

本课程主要采用过程性评价和终结性评价两种评价方法，具体如下：

（一）过程性评价

1. 每节课后，教师对学生出勤情况和各项任务完成情况进行评分，出勤一次记 2 分，完成一项任务记 2 分。此项得分占过程性评价得分的 40%。

2. 每个月，对学生在上课期间的团队配合、练习投入度以及表演完成度等（具体详见下表），通过自评、互评和师评三个角度进行打分。此项内容得分占过程性评价得分的 60%。

过程性评价打分表

评价主题	评价内容	分值	学生自评（20%）	组间互评（20%）	教师评价得分（60%）	最终得分
课堂参与度	大胆发言,积极参与讨论	30				
任务完成度	认真完成各项任务,配合小组练习安排	30				
角色表现力	能够正确和生动地塑造角色形象	40				

3. 综合以上两项分数,得分最高的前五名同学被评为"Shinning Star"。

（二）终结性评价

课程结束时进行汇报演出,对各小组改编后的剧本以及表演的综合技能进行评价(具体详见下表),得分最高的团队获得"Best Cooperation"称号。（满分 100 分）

终结性评价打分表

评价主题	评价内容	分值	评价得分		
			英语组教师打分(50%)	音乐组教师打分(25%)	美术组教师打分(25%)
剧本创意	内容积极向上,故事完整,有一定的寓意	40			
语言表达	发音清楚准确,语音语调恰当,表达流畅	30			
团队协作	角色间配合默契	20			
动作表情	动作表情到位,富有表现力	10			
总分					
评语					

（课程开发者：吴琪）

第三章

启思：点化思维增智慧

当今信息时代是头脑竞争的时代，人们缺乏的不再是知识和信息，而是缺乏驾驭知识和信息的智慧。智慧的核心是思维，思维技能的高低和以何种思维方式思考决定了一个人智慧的高低。思维能力既得自遗传天赋，又有赖于后天的培养。数学阅读与游戏、科技制作与实践探索等都能让学生的思维得到充分的培养，让孩子们燃起思维这盏智慧之灯，照亮多彩人生之路。

数学阅读

数学阅读,让大脑建起灵活的语言转化机制,丰富数学语言系统,在获得数学知识的同时,陶冶情操,感受数学魅力,促进数学素养的发展,其独特作用是其他教学方式所不可替代的。面向未来,要想读懂"自然界这本用数学语言写成的伟大的书",数学阅读课程化,非常符合现代教育思想。

【课程背景】

阅读是从文字、图片、符号、公式、图表等视觉材料中获取信息、认识世界、发展思维并获得审美体验的活动。我国自古就有"读书破万卷,下笔如有神""熟读唐诗三百首,不会作诗也会吟""读书百遍,其义自见"等名句,可见,阅读的价值一直受到人们的重视。数学语言一般可以分为文字语言、符号语言、图表语言等,数学阅读能促进学生实现数学语言的相互转换,更加深刻地理解数学概念的内涵和外延,领会数学语言的本质。因此,数学阅读对于提升学生的数学素养和推进数学课程改革具有重要作用。由此,也就不难理解苏联著名教育家苏霍姆林斯基关于"教育的全部问题都可以归结为阅读问题"这一重要论断了。

由于数学语言的符号化、逻辑化及严谨性、抽象性等特点,所以数学阅读有不同于一般阅读的特殊性,数学阅读常要求大脑建起灵活的语言转化机制,而这也正是数学阅读有别于其他阅读的最主要的方面。学生智力发展的诊断研究表明,数学语言发展水平低的学生,课堂上对数学语言信息的敏感性差,思维转换慢,从而造成知识接受质差量少;教学实践也表明,数学语言发展水平低的学生,其数学理解力也差,理解问题时常发生困难和错误。因此,通过数学阅读,让大脑建起灵活的语言转化机制,丰富数学语言系统,扎实数学阅读基本功,在获得数学知识的同时,陶冶情操,感受数学魅力,乐学会学数学,促进数学素养的发展,其独特作用是其他教学方式所不可替代的。值得指出的是,未来科学越来越数学化,社会越来越数学化,将来要想读懂"自然界这本用数学语言写成的伟大的书",没有良好的数学阅读基本功是不行的。因此,面向未来,数学阅读课程化,非常符合现代教育思想。

"数学阅读"课程针对学生及家长忽视数学阅读意识与能力培养、数学老师的阅读意识较为淡薄而缺少系统思考与整体建构等不足,从一到六年级分别开展"数学史料""数学游戏""数学应用"三个主题不同、层次递进的数学阅读活动,全面推进数学阅读,以数学阅读为切入点,渗透小学数学文化,提高学校数学课程的整体质量,促进学生主动发展,提升学生的数学素养和数学教师的课程开发能力。

【课程目标】

1. 通过数学阅读,让大脑建起灵活的语言转化机制,丰富数学语言系统,扎实数学阅读基本功,在获得数学知识的同时,陶冶情操,感受数学魅力,乐学会学数学,促进数学素养的发展。

2. 通过阅读数学史料,拓展视野,认识数学知识产生和发展的过程,体会数学的博大精深,感受数学家的精神鼓舞,养成用数学的眼光观察现实生活,进一步增强学习数学的兴趣。

3. 通过参加数学游戏,激发思考,改变思维方式,用数学的思维思考分析现实生活的问题,同时在动手操作和实践探索中得到数学发现的体会,在合作交流中提升数学交流的自信心和能力。

4. 通过体验数学应用,进一步巩固数学知识,感受数学与现实生活的联系,感受数学的价值,进一步增强数学应用意识,提升数学素养。

【课程内容】

"数学阅读"课程安排每个年级的每一学期都开设有"数学史料""数学游戏""数学应用"三个主题板块。本课程内容有以下特点：一是与所学数学知识同步。每个故事涉及的数学知识紧扣教科书对应单元内容。二是加深所学知识内涵及外延性。每个故事的设计都注重体现阅读性、操作性、探索性、思考性，通过阅读"数学史料"故事掌握数学知识的文化背景等；"数学游戏"是在动手操作和实践探索中得到数学发现的体验，在合作交流中提升数学交流的自信心和能力；"数学应用"旨在综合应用数学知识解决现实生活中的问题，感受数学的价值和培养数学应用意识。所有的数学故事都突出数学知识、数学思想方法、数学思维以及数感、符号意识和建模等数学内涵和学科核心素养。具体而言，本课程主要包括以下内容：

一年级，上学期的内容有：(1)数学史料(7课时)：女数学家；数学在哪里；说不尽的"0"；奇妙的数字；记数的乌鸦；奇妙的计时工具；世界上各种各样的数字。(2)数学游戏(2课时)：有趣的图形；十字图中的数字谜。(3)数学应用(3课时)：有趣的左右；小小设计师；朝三暮四。总共12课时。下学期的内容有：(1)数学史料(1课时)：中国货币趣事。(2)数学游戏(6课时)：有趣的图形；小棒摆数游戏；填数游戏；巧摆图形；探索规律；玩骰子。(3)数学应用(5课时)：图形拼组活动；交通中的数学；人民币的学问；巧算真方便；生活中的分类。总共12课时。

二年级，上学期的内容有：(1)数学史料(5课时)：测量长度大揭秘；时间趣谈；探索"乘号"足迹；没有规矩，不成方圆；九九。(2)数学游戏(2课时)：手指计算器；拜师记。(3)数学应用(4课时)：妙趣横生的角；密码锁的奥秘；充满魅力的线段；生活中的乘法。总共11课时。下学期的内容有：(1)数学史料(2课时)：古老的计算工具；俄罗斯方块。(2)数学游戏(1课时)：神奇的"数独"。(3)数学应用(8课时)：动物的聚会；天涯海角；余数的妙用；和妈妈一起购物；猴子体重是多少；美丽的对称；生活中的千和万;数据巧收集。总共 11 课时。

三年级,上学期的内容有:(1)数学史料(5 课时):世界上最早的计算器;从测影计时到铜壶滴漏;奇思妙算;计量单位的统一;分数的由来。(2)数学游戏(3 课时):"24 点"大挑战;玩玩一笔画;数学碰碰车。(3)数学应用(7 课时):一抓准;小球迷的梦;登山的联想;李白买酒与逆向思维;购票学问多;平均分引发的数学思考;一共订了几种杂志。总共 15 课时。下学期的内容有:(1)数学史料(4 课时):司南与指南针;年号纪年法和公元纪年法;小数家族游记;程大位与《算法统宗》。(2)数学游戏(2 课时):魔法幻方;华容道"探秘。(3)数学应用(8 课时):假如在野外迷了路;小小鞋码大学问;我是家务小能手;小小志愿者;围篱笆的学问;日历中的秘密;小厨神争丽赛;人民币的变迁。总共 14 课时。

四年级,上学期的内容有:(1)数学史料(5 课时):古人记数;神奇的人造卫星;苏步青巧解"相遇问题";神奇的莫比乌斯带;雾霾知多少。(2)数学游戏(1 课时):格子乘法"24 点"大挑战。(3)数学应用(9 课时):筹算;编码的奥秘;奇妙的自然之角;扑克魔术;有趣的进制;西方数学的传播者——利玛窦;跳动的心脏;拯救森林;华氏双法。总共 15 课时。下学期的内容有:(1)数学史料(1 课时):几何学的由来。(2)数学游戏(3 课时):"科克雪花";三脚架探秘;玩转七巧板。(3)数学应用(10 课时):巧设出游计划;短信陷阱;挖宝藏;"归纳推理"不陌生;乘法分配律的运用;神奇的小不点;学画"思维导图";伸缩门的奥秘;购物中的加加减减;平均数是"数"吗。总共 14 课时。

五年级,上学期的内容有:(1)数学史料(5 课时):了不起的《九章算术》;神奇的功勋;奇妙的循环小数;田忌赛马的对策;别具一格的数学符号。(2)数学游戏(2 课时):我的游戏我做主;有趣的剪纸。(3)数学应用(7 课时):标志设计的奥秘;创意图案的设计;生活中的分段计费;温度的奥秘;生活中的推理;刘徽的"割补术";巧算面积。总共 14 课时。下学期的内容有:(1)数学史料(4 课时):毕达哥拉斯的故事;奇怪的遗嘱;美丽的正多面体;数学家的碑文。(2)数学游戏(2 课时):玩魔方;标签大反转。(3)数学应用(8 课时):天坛的数字密码;染色的正方体;巧用体积;分饮料;博士的生日;有趣的数学诗;时钟问题;一封读不懂的信。
总共 14 课时。

六年级,上学期的内容有:(1)数学史料(2 课时):圆的魅力;负数的
认识。(2)数学游戏(1 课时):为什么都是三等魔法幻方。(3)数学应用
(11 课时):拯救野生东北虎;睡出健康;怎样兑换才合算;破译美的密
码;小小地图学问大;北斗导航;可怕的水污染;舒适的小区环境;货比三
家不吃亏;n 的传奇;南极与北极。总共 14 课时。下学期的内容有:
(1)数学史料(1 课时):几何大咖的故事。(2)数学游戏(2 课时):有趣
的平衡;小游戏中的智慧。(3)数学应用(11 课时):白色血液;从锯子的
发明谈起;奇妙的人体器官;草原上的蒙古包;昆虫界的"几何高手"蜜
蜂;由兔子与草原的故事想到的数学问题;巨人来访;香烟危害知多少;
抽屉的秘密;三角钢琴的学问;维持生命的要素。总共 14 课时。

【课程实施】

本课程为一至六年级学生的必修课,每周 1 课时,安排在学校课程表
上,执教老师为各班数学科任教师。为了教学内容的连续性和完整系统
性,学校整合开发了数学阅读读本,并统一印发,作为数学阅读课教材使
用。每学期开学第一周由数学科任教师向本班学生推荐必读书目如数
学文化读物以及选读书目各 10 本,分低、中、高年段,由家长自愿给孩子
购买,作为学生补充的课外数学阅读材料。以下为本课程实施策略:

1. 课前:前置式阅读

课前即每晚睡前 30 分钟左右,周末不少于 2 小时,先阅读下周要上
的数学阅读内容再选读自己购买的数学阅读读物。可以家长陪读,也可
以自主阅读,家长签名监督。

2. 课中:融入式阅读

课中即数学阅读课中,除了学习本课的阅读内容,可以灵活融入学
生阅读的资料。课堂有以下环节:1.教师以故事为线索引出问题。2.学
生补充分享预学所得。3.师生分工合作经历探究过程或经历闯关游戏。

4.拓展(可以灵活融入学生阅读的资料)与应用。

3. 课后：延伸式阅读

课后阅读补充、阅读创作、阅读分享等。第一,利用每晚睡前30分钟左右时间阅读相关上课资料,可以网上获得,也可以阅读自己购买的读物补充;第二,课后阅读创作可以利用周末的时间完成,由家长监督,科任老师安排数学组长检查落实;第三,课后阅读分享可以利用数学晨读、早读、数学课前3分钟,由科任老师安排数学组长组织分享。

【课程评价】

本课程主要采用每月专项的过程性评价、期末检测考核的结果性评价及综合性评价。通过这个循序渐进的评价过程,了解学生的数学阅读情况,增强学生学习数学的兴趣,培养学生的数学阅读习惯,提高学生的数学阅读能力,提升学生的数学素养。从学生、家庭两个方面进行激励,促进家校合力助力孩子"数学阅读"。具体评价方法如下:

1. 过程性评价

各班数学科任教师负责每月开展一次数学阅读过程性评价,采用自评与他评(家长,老师,同学)相结合,总评分前20名同学,评为"数学阅读月星",并颁发奖状。具体如下表:

"数学阅读月星"评价表

评价指标	分值	评价			
		自评 （20%）	家长评价 （30%）	教师评价 （30%）	同桌评价 （20%）
数学阅读能力和学习数学的积极性有提高。	20				
养成会用数学的眼光观察现实生活,会用数学的思维思考分析现实生活的习惯。	20				

评价指标	分值	评价			
		自评 (20%)	家长评价 (30%)	教师评价 (30%)	同桌评价 (20%)
积极动手操作和实践探索,数学应用意识有提高。	20				
积极参与数学阅读创作、表达,数学交流的自信心和能力有提升。	40				
总评					

2. 结果性评价

学期末,各班数学科任教师对学生进行集中考核一次,通过笔试(以数学史料、数学游戏和数学应用作为考点出 100 分的试卷)和数学阅读创作(数学阅读小报创作满分 100 分)两部分打分合成,分数前 15 名同学评为"数学阅读季星"并颁发奖状。

3. 综合性评价

学期末,各班数学科任教师根据一学期以来"数学阅读月星"的得星数和获得"数学阅读季星"(一次"数学阅读季星"相当于四次"数学阅读月星")的得星数情况评选出星数前 10 名的同学为"我是数学阅读小明星",并由此认定"我是数学阅读小明星"的家长为"数学阅读代言家长",并颁发奖状。

(课程开发者:梁彩娥)

数学与游戏

　　游戏是儿童的天性。数学元素的加入，为儿童的游戏活动提供更广阔的想象空间，让儿童在游戏中发现数学规律、体验数学的魅力。

【课程背景】

　　数学是研究数量关系和空间形式的科学，是人类文化的重要组成部分。数学素养是现代社会每一个公民应该具备的基本素养。学习数学知识的方法很多，可是在游戏中学可达到事半功倍的效果。数学游戏是一门有趣的课程，它的特点是教育性和娱乐性并重。一位美国教育家曾在《奇妙的数学》一书中说过："数学的三剑客是逻辑、娱乐和游戏。"可见数学游戏在开发学生数学思维能力领域所发挥的重要作用。游戏，是驱动学习的动力，学习应该是好玩且容易的事情，游戏具有教育的外部功能，它能直指学生内心活动，将愉悦感、自由和满足转化为独立的、自主的感性认知从而发展逻辑思维能力，特别是数学游戏在这方面具有非凡的引导意义。数学游戏是一种能带给学生快乐、能开发学生智力、生动活泼的课外教学资源，能开发学生思维的能力，它能将数学知识、数学思想、数学思维融于游戏中，能让学生感受到数学的色彩缤纷、美丽奇妙。

　　数学学科相比其他学科具有抽象性、枯燥性的特点，特别是到了五年级，所学的数学知识更多、更深，学生学起来容易乏味，而将有趣的数学游戏引入数学课堂，那是给学生的数学学习注入丰富的"营养素"，既能巩固所学知识,又能活跃课堂氛围、让学生身心放松,还能激发学生学习的兴趣。比如,当学生学习《长方体和正方体》有关的知识后,再一起学习《涂色的正方体》,探究正方体角块、棱块、面块等数量关系,那么,学生对这一知识的理解更透彻了。此外,五年级的学生有一定的动手操作能力,且组织纪律性比较强,而数学游戏有细致的操作规则,在五年级开设"数学与游戏"这门课程是非常必要和适合的。"数学与游戏"课程结合五年级所学的主要内容,深入浅出地编排了 16 个不同类型、生动有趣的数学游戏。通过玩这些游戏,能让学生在玩中学数学,让他们体会到数学的趣味性,并能体验到数学思想的博大精深和数学方法的创造力,激发他们产生进一步学习数学的需求和动力。

本课程秉承以下理念:人人玩数学,人人爱数学。此课程的开设,能使学生在生动有趣、紧张刺激的游戏中感受到数学的魅力,能激起他们学习数学的兴趣,让他们真正爱上数学。

【课程目标】

1. 知识与技能目标

通过游戏,掌握游戏的玩法和技巧,体会蕴含在游戏中的数学知识,培养观察、概括和逻辑推理能力。

2. 过程与方法目标

经历数学游戏,参与数学游戏,在游戏中学会用数学的方法解决游戏问题,并从中学会与人合作,学会分享。

3. 情感态度与价值观目标

激发学习数学的兴趣,感受数学的丰富性、趣味性、实用性,增强学习数学的内动力,感受数学的美感与魅力,亲近数学,体验成功的乐趣,感受到生活处处有数学。

【课程内容】

本课程内容有以下四大方块：

（一）算术类游戏（五年级上册，共 10 课时）

算术是数学这门学科中的基础，学好算术至关重要。本方块的游戏主要是帮助小学生拉近与算术之间的距离，让他们对算术产生亲近感，更喜欢数学，逐渐提高数学思维的能力。

1. 数字搬家：利用合适的方法，移动在 n 乘 n 表格中的数字，创设多种记忆方法，提高学生的记忆力。

2. 24 点大战：从一副扑克牌中取出大小王，然后从剩下的牌中摸出四张牌，用加、减、乘、除法进行计算，使结果等于 24。

3. 巧破数阵图：结合各种几何图形，把一些数字填入图形的某个位置上，并使数字满足一定的约束条件。

4. 数独：学生在盘面上根据已知的数字推理出所有剩余空格的数字，并满足每一行、每一列、每一个粗线宫内的数字均含 1—n 且不重复。数独的玩法逻辑简单，数字排列方式千变万化，能锻炼学生的脑力。

（二）图形类游戏（五年级上册，共 9 课时）

图形的世界是一个炫彩多变的世界，最容易让学生产生好奇，也最让学生眼花缭乱。这一方块的游戏能充分满足学生对图形的好奇心，让学生在求知的过程中玩转图形王国。

1. 俄罗斯方块：认识俄罗斯方块的不同形状，会用这些形状拼出轴对称图形，会玩俄罗斯方块游戏。

2. 栽树游戏：能根据所栽树的数量，画出线段图，解决棵数最少而每行尽量多的问题，让学生体验数形结合等思想。

3. 涂色的正方体：分割正方体，并探究正方体角块、棱块、面块等数量关系。

4. 美丽的正多面体：认识正多面体，探究多面体中顶点数、棱数、面数之间的数量关系。

（三）观察类游戏（五年级下册，共 10 课时）

人们对于客观世界的认识都是从观察开始的，在生活学习中，观察是必不可少的内容。本方块的游戏，可以锻炼学生对新奇的事物以及事物的微小变化做出敏捷、快速的反应。

1. 一笔画：通过观察，懂得一笔画的图形特征，归纳判断一笔画图形的方法。

2. 骨牌游戏：不改变骨牌的摆放顺序，移动骨牌，通过观察，猜测移动了几块，并发现其中的奥秘，培养学生逻辑推理能力。

3. 玩转火柴棍：用火柴棍摆图形，通过观察，探究出如何使火柴棍移动次数最少来变换图形。

4. 神奇的钟面：通过观察钟面上的数，探究正向数和反向数。

（四）分析类游戏（五年级下册，共 9 课时）

分析力可以帮助学生用超人的眼光去判断问题，寻找成功之路。本方块的游戏，通过分析话语、图形等内在联系与规律，帮助学生提高规律分析能力，探寻解决问题的方法，发展学生的逻辑推理能力。

1. 喝果汁的学问：通过分析，探究如何用 5 升杯和 3 升杯将 8 升果汁平均分成两份。

2. 火眼金睛辨真假：根据题中提供的多个条件分析语言，辨别真假，培养学生的逻辑推理能力。

3. 爱因斯坦的谜题：根据所提供的信息，推理出每个房间里的人、所喝的饮料、所抽的香烟、所养的宠物。

4. 奇怪的遗嘱：分析题中的信息，能运用分数有关知识解决问题。

【课程实施】

本课程以一个学年为一个教学周期，共 38 课时，每课时 40 分钟。教学要准备教案、多媒体课件、游戏道具、微课、视频等资源，具体采取以下教学策略：

1. 故事呈现

教师将游戏转换为生动有趣的故事，能激起学生主动学习的乐趣。例如：在教学"奇怪的遗嘱"一课时，以儿子"分遗嘱"为主线贯穿整节课的始终，能达到很好的教学效果。

2. 自主探究

以学生感兴趣的问题，通过开展探究性学习，提高学生分析问题、解决问题的能力。如：喝果汁的问题、骨牌游戏、玩转火柴棍，都可以通过探究去解决。

3. 小组合作

根据学习的内容，以小组的形式合作学习，达到共同提高的目的。如：俄罗斯方块、火眼金睛辨真假，可以以小组合作学习的形式进行。

4. 动手操作

借助学具，通过亲自动手参与学习，获得知识、掌握方法。本课程用这种方法的游戏比较多，如：俄罗斯方块、玩转火柴棍、骨牌游戏、涂色的正方体，都可以在操作中完成教学任务。

5. 以竞激趣

以"赛"形式参与学习，既能激起学生学习的浓厚兴趣，还能增强学生的自信心和自豪感。如：24点大赛、数字搬家游戏，可以通过"赛"的形式进行教学。

【课程评价】

根据"数学与游戏"的课程特点，采用过程性评价和结果性评价相结合的方式。

1. 过程性评价（50％）

过程性评价包括课前准备、出勤情况、课堂参与、与人合作、课后作业五个部分，每部分10分。各班授课教师每授一节课，就要对学生的表现进行评价。采取自评与他评（老师、同学）的方法，一个月公布一次。

2. 结果性评价(50%)

结果性评价是每学一个数学游戏,授课教师就组织一次小竞赛,采用玩游戏的方式,根据学生在游戏中的表现进行评价。

"数学与游戏"科学评价表

评价指标		分值	评价			
			自评 (20%)	互评 (30%)	指导老师 评价(50%)	综合评分
过程性评价 50分	课前准备	10				
	出勤情况	10				
	课堂参与	10				
	与人合作	10				
	课后作业	10				
结果性评价		50				
综合评分及等级						

(课程开发者：吴海珠)

SAI 电脑绘画

童眼看世界。现代元素的加入,激发学生认识美、鉴赏美的能力,启迪创造美的灵感,让儿童遇见最美的童年,启航儿童的艺术人生。

【课程背景】

绘图就是画图或绘画,最初是用木、用笔还有些米尺之类的工具进行画图,用起来非常的不方便,延误工程时间,为了尽可能地快速、高效、优质绘图,就需要利用高科技——计算机。现在多用电脑进行绘图,有工程绘图、设计绘图、平面绘图、三维绘图等。电脑绘画创作快捷、修改方便,且其三维的绘画效果在视觉上给人印象深刻,同时在写实程度与背景展现方面,也比较清晰,这也成了电脑绘画的重要优势。

SAI 是由日本 SYSTEMAX 公司销售、SYSTEMAX Software Development 开发的一款绘图软件,它极具人性化,追求的是与手写板极好的相互兼容性、绘图的美感、简便的操作以及为用户提供一个轻松绘图的平台,深受数字插画家以及 CG 爱好者的欢迎。总而言之,SAI 适合没有基础的学生进行学习,对用户特别的友好,操作过程不复杂,并且短时间就能完成作品,激发学生的积极性。

SAI 课程是实现学生德智体美劳全面发展的重要途径,符合我校信息化发展的要求和学生的实际情况。五、六年级的学生通过两年的电脑学习,已基本掌握电脑的操作,并且也学习过 WINDOWS 随带的画图软件和金山画王等绘图软件,有一定的电脑绘画基础。SAI 绘画课程的开发和实施将大大提高学生的信息化能力,提升电脑绘画技术和创作兴趣,激发学生的创作灵感。

【课程目标】

1. 知识和技能目标

学习使用 SAI 绘图软件新建文件(如在软件的菜单栏新建文件,掌握快捷键 Ctrl + N)、绘制(运用线条、笔刷绘制几何图形,并给图片上色)与保存操作(在软件的菜单栏中选择保存,以及知道保存文件的路径,掌握快捷键 Ctrl + S);了解图层的概念(懂得新图层以及图层对绘图的重要作用);能够根据自己的想法,独立地用 SAI 绘图软件画出一幅画,提高创作能力和审美能力。

2. 过程与方法目标

经过 SAI 软件的学习,尝试运用 SAI 绘图软件创作绘画作品,感受创作过程及电脑绘画的效果,并尝试欣赏作品。通过自主或者探究的学习、合作交流的方法能在 SAI 软件上绘图、上色等,提高电脑绘画创作的素养。

3. 情感态度与价值观目标

通过 SAI 软件的绘画创作,激起对绘画的热爱,激发求知欲望;养成正确使用软件的态度;懂得发现生活、学习、工作中的美,并追求这些美好的东西。

【课程内容】

SAI 课程在五、六年级开设,分为上下册,五年级的教程是上册,六年级则是下册。五年级主要掌握软件的一些基本操作,如画笔、图层、蒙版、选区等工具的使用方法。六年级主要是自己动手进行绘画创作,如画城堡、给美少女上色。五年级一共有 13 单元,六年级则只有 10 单元。由于六年级面临毕业,因此安排的课程要少一些,而且在六年级的内容主要是实操部分,以及各种模块的配合使用。这些课程内容通过 SAI 绘画软件的学习,运用电脑等多媒体设备,开展绘画学习,提升传统绘画的内涵,提高学习兴趣以及开阔学生的视野,提高创新能力。

课程上册 13 单元共 28 课时,主要内容有:

1. SAI 软件介绍。知道 SAI 软件是一个绘图软件并介绍 SAI 软件绘图的优点,1 课时。

2. SAI 鼠绘线条。学会线条和笔刷的使用方法,3 课时。

3. SAI 图层。学会使用图层功能并新建图层,2 课时。

4. SAI 图层。学会选区的使用方法,2 课时。

5. SAI 蒙版。学会蒙版的使用方法以及使用技巧,4 课时。

6. SAI 网点。学会网点的使用,2 课时。

7. 文件夹和文件。学会新建文件及文件夹的方法,懂得看文件的大小,2 课时。

8. SAI 快捷键。介绍常用的快捷键和特殊键的使用方法,2 课时。

9. SAI 笔刷(进阶)。从文件夹中导入笔刷的方法,用笔刷制作纹理的方法,2 课时。

10. SAI 绘图。绘制正圆、正方形等图形,2 课时。

11. 图层发光模式。学会图层发光的操作,2 课时。

12. 画画颜色调整。懂得对颜色的选取和调整,2 课时。

13. 后期效果。学会使用柔光效果,2 课时。

课程下册 10 单元共 18 课时,主要内容有:

1. SAI 完整绘图。打造颜色美少女,1 课时。

2. SAI 绘画。运用上色工具给人物上色,1 课时。

3. SAI 绘画软件。运用笔刷纹理进行绘图,2 课时。

4. SAI 鼠标。运用画笔绘制头发,2 课时。

5. SAI 绘画。在图片勾线和上色,2 课时。

6. SAI 绘画。画出一副城堡图并上色,2 课时。

7. SAI 蒙版功能。制作围巾的花纹与衣服的阴影,2 课时。

8. SAI 绘画。写出带有气氛的文字,2 课时。

9. SAI 绘画。水墨效果笔刷设置,2 课时。

10. SAI 绘画。画动漫人物,2 课时。

【课程实施】

每周每个班都有一次 SAI 绘图课程(1—3 个课时),然后把每周二下午定为机房开放日,学生可以自由到机房学习 SAI 软件的使用,时间为30 分钟以内,由带班老师负责监督和管理,超过 30 分钟后电脑自动关机,保证学生的学习质量以及保护学生的视力。这样学生每周保证至少一次接触了 SAI 绘图软件。任课老师由信息技术老师担任,授课方式以班级(30—50 人)为单位,进行集体教学,上课的教室统一安排在机房,机房里每台电脑都通网络,学生可以学习课程上的内容,还可以通过网络找到 SAI 的学习资源。教材以及资源由信息技术老师根据学校开发的校本课程,以及收集的网络资源,对 SAI 的教学资源进行整合,包括图片素材、视频教程、书籍等等。我们以提高学生电脑绘画技能为出发点,采取如下课程实施策略。

1. 课前预习

教师给学生阅读小卡片,小卡片上有一些下一节课要学习的内容和精美的图案,并要求学生把自己的学习心得写在纸上。此举的主要目的是让学生能够在比较宽松的环境下预习新课。学生可以利用碎片化的时间来进行,给学生减轻学业上的压力。

2. 课中学习

教师让学生回顾上节课所学的知识,并且说出一周的学习心得,分享给大家。教师开始引导进入新课,可以向大家展示当天要完成的项目的目标图,让学生知道任务需要完成到哪种程度,再者可以激发起学生的积极性。这种方法也就是基于项目的学习方式。在学生开始操作之前,教师先对要点知识进行讲解;学生开始操作后,教师在学生旁边当引导者,允许学生在绘图过程犯错,过后再总结指出。学生完成作品后,先进行互评和自评,最后教师进行总评和课堂小结,安排课后任务。

3. 课后复习

课后作业,学生利用一周的时间在网上找 2 幅用 SAI 绘画的作品,并说说到底好在哪里,主要目的是培养学生发现美,并且能够将美表达出来。

4. 教学方法

教师可以根据自己的实际情况以及教学的目标,安排合适的教学方法。有同步教学法:就是学生与教师同步进行操作,学生在操作中掌握所学知识和技能。这种教学方法主要用于操作性较强的新知识教学过程。任务驱动:就是将所要学习的新知识隐含在一个或几个任务之中,学生在教师的帮助下,紧紧围绕一个共同的任务活动中心,在强烈的问题动机的驱动下,通过对学习资源的积极主动应用,进行自主探索和互动协作的学习,并在完成既定任务的同时,引导学生产生一种学习实践活动。研究性学习:是指在教学过程中创设一种类似科学研究的情境或途径,根据各自的兴趣、爱好和条件,让学生在教师引导下,从学习、生活及社会环境中去选择和确定研究专题,用类似科学研究的方式,主动地去探索、发现和体验。

【课程评价】

本课程主要采用的是过程性评价、总结性评价。通过循序渐进的评价过程,了解学生对 SAI 绘图的使用情况,增强学生学习绘图软件的乐趣,培养学生的软件设计思维以及对美的表达力。培养学生的创新能力、设计能力,需要学生、家长、学校的共同努力。具体课程评价方法如下:

1. 过程性评价

任课老师每月开展一次 SAI 课程学习的过程性评价,采用自评与他评(家长,老师,同学)相结合,评选出得分前五名同学,奖励精美图画两幅(SAI 软件制作),保留其优秀作品;综合评出最佳进步奖五名,奖励精美图画两幅(SAI 软件制作),具体如下表所示。

评价指标	分值	评价			
		自评 （20%）	家长评价 （30%）	教师评价 （30%）	学生互评 （20%）
目标明确，积极大胆动手操作，操作得当。	20				
学习主动，参加热情较高，认真思考，积极回答和提问。	20				
有创意及灵感。	20				
作品完成的质量高，富有创新力。	40				
总评					

2. 总结性评价

每个学期末，进行一次期末测验，测验的内容包括笔试和实操部分，笔试主要是基本理论内容，实操部分就是提交一幅作品。成绩在80分（含80分）以上的都能评为"绘画小王子"、"绘画小公主"。排在前五名的评为"绘画之星"。教师收集与整理学生的优秀作品，制作成幻灯片或视频在学校操场上进行展播。同时也用电脑打印出来在学校的宣传窗展示，让全校师生欣赏，并组织学生参加全省中小学生电脑绘画作品竞赛。

（课程开发者：彭海棠）

VR 实验室：从虚拟现实认知真实世界

VR 是一种技术，更是一种思维方式，不仅打开儿童走进科学、认知世界的窗口，同时也是点燃儿童把握未来、创造"真实世界"的智慧火焰。

【课程背景】

小学科学课程是一门综合课程，能够最有效地综合自然科学各个领域（如物质科学、生物科学、地球与环境科学）和技术领域中最基础的知识和技能，是一门以培养学生科学素质为宗旨的义务教育阶段的基础课程。尤其是五年级的科学课，为学生提供了丰富多彩的认识世界、认识生命的文本素材。但由于小学生的认知水平和年龄特点，单纯的文本描述和课本上简单的插图，显然很难激发学生的学习兴趣，激发学生爱科学、学科学、用科学的动力，更不能有效地培养学生的科学素质。

一般而言，科学素质包括对自然现象的好奇心和求知欲，运用基本的科学知识和技能认识自己和周围世界的能力，具备进行科学探究所必需的科学思维和方法，与自然界和谐相处的生活态度等。科学素质的形成是长期的。早期的科学教育将对一个人科学素质的形成具有决定性的作用。因此，我们作为教育工作者，应该利用一切可利用的手段，为学生提供探索科学、探索生命的平台和资源。而 VR/AR 技术，则为小学生打开了一扇走进科学认识世界的窗口。VR 虚拟现实，是由计算机程序构建的真实或接近真实的三维虚拟情景，用户利用某种手段进入虚拟情景,并与之交互,从而构建起对于现实世界合理的认知。AR 增强现实,是将虚拟环境或事物实时叠加到真实环境或事物上去,允许用户既感知虚拟的世界,也看到真实的世界。有着教育技术风向标之称的《2017 地平线报告(基础教育版)》把 VR/AR 列为未来 2—3 年的技术进展目标,越来越重视以学生为中心、以交互为手段的学习方式。随着虚拟现实教育资源的不断扩展,VR/AR 技术在全球技术领域得到了极大的关注。我校的 VR 实验室建立于 2018 年 5 月,旨在依托海量 3D 教育资源素材库,将沉浸式虚拟现实技术与 STEAM 教育、创客教育、小学科学学科的教学相融合。一方面,为学生提供认识世界、了解世界和自由发挥的空间,增强学生学科学、爱科学、用科学的自觉性和主动性,形成崇尚科学、探究科学的浓厚氛围,进一步把学生转变为创造者,培养学生的创新精神和科学探究精神。另一方面,让学生享受更高科技的教育,享受教育公平,开创可视化学习的未来。

VR 实验室本着"以学习者为中心的理念",根据学生学习的规律"以学定教"。倡导以学生为主体,结合翻转课堂的教学模式,契合学生的好奇心,释放学生想象力、创造性,拓展学生视野,让学生自己动手实践,激发学生的好奇心与求知欲,锻炼学生的动手能力,变被动学习为主动探究,培养学生提出问题、研究问题、解决问题的能力,帮助学生实现个性化的、有创意的梦想。

【课程目标】

1. 知识和技能目标:通过问题引导、任务驱动的教学模式,学生在 VR 环境下亲历探索科学的奥秘,了解和体验自然界的事物、现象及规律,理解自然科学的概念和理论,学会在生活中应用科学知识解释和解决实际问题,并在 VR 环境下创作自己的作品,培养创新思维能力和科学素质。

2. 过程与方法目标:通过进入虚拟情景,亲历科学知识的形成,积极探索科学知识,从而构建起对于现实世界合理的认知,并形成学科学、用科学的精神。通过交流与互动,分享创作作品的经验与喜悦。

3. 情感态度与价值观目标:学生在身临其境的体验中进一步增强学科学、爱科学、用科学的自觉性和主动性,形成热爱科学、探究科学的浓厚氛围,提高对美的鉴赏能力。

【课程内容】

浩瀚的宇宙中,太阳给万物生长提供能量,地球是人类的家园,人类的命运与地球息息相关,了解地球,才能更好地爱护我们自己的家园。人因何而来,到哪里去? 这是每个孩子遇到过的困惑。在这里鼓励学生在虚拟现实的环境下探索人类生命的奥秘。人的心脏器官对生命有什么意义? 吃的食物都去了哪里? 我们将为孩子揭开困扰心中良久的谜团。小动物是孩子的玩伴,人与动物和谐相处,儿童眼睛看世界,永远是那么美好。在这里同学们将找到童年的玩伴,学会热爱动物、关爱他人、保护环境的情感。让我们开启探索宇宙之旅,一起分享奇妙的动物世界!

具体而言,本课程包括 3 个单元共 9 个专题,分为 27 个内容:

第一单元　天体科学

专题 1　神秘的太阳系之旅。内容包括:(1)通过 VR 观察太阳系;(2)分享:何处是人类除地球之外的家园? 总共 2 课时。

专题 2　臭氧层用处大。内容包括:(1)VR 环境下观察大气中臭氧浓度高的层次——臭氧层。(2)调查人类对臭氧层的破坏给人类健康和生态环境带来的多方面危害。(3)组织学生在全校发起保护臭氧层,保护人类的倡议。总共 2 课时。

专题 3　火山喷发探险。内容包括:(1)学生通过操作交互笔观察火山喷发的壮观场面。(2)用课件中的摄像机功能深入火山内部,探究火山喷发的原因。(3)通过虚拟现实,让学生体验火山喷发对人类的毁灭性打击,使学生认识到火山喷发影响全球气候和破坏环境,树立保护地球、爱我家园的意识。总共 2 课时。

第二单元　生命科学

专题 1　心脏与生命的奥秘。内容包括：(1)在虚拟的 3D 空间中全方位地学习观察心脏的结构,并可通过将模型标本进行 360°全方位旋转、缩放观察和解剖。(2)对心脏结构与功能进行观察,使学生眼耳手并用,在真实体验中加深对知识的理解,熟悉人体生理结构。总共 2 课时。

专题 2　机器人能替代人类吗? 内容包括：(1)结合 VR 编辑器,让学生了解机器人中的各部件组成、作用、功能等。(2)根据机器人的分类对资源素材进行编辑制作,创造自己的机器人模型,增强学生的创造力、动手能力、合作能力。(3)思考：谁是未来地球的主宰? 总共 2 课时。

专题 3　食物都去哪了? 内容包括：(1)在 VR 环境下学生化身成小馒头进入消化系统体验食物的消化吸收过程。同桌一人负责观看、描述,一人负责记录,再互换角色进行。(2)讨论：如何合理膳食才是健康生活? 总共 2 课时。

第三单元　动物世界

专题 1　为什么动物的食物千差万别? 内容包括：(1)在 VR 环境下对不同的动物器官,如牙齿进行观察,用 VR 中的照相机对不同动物的牙齿进行拍照、对比,研究不同的动物需要不同的食物。(2)思考：动物的一些器官与功能是如何适应生活环境的? (3)全校发起保护动物、爱护环境、与动物和谐相处的倡议。总共 2 课时。

专题 2　动物如何保护自己? 内容包括：(1)通过 VR 虚拟现实选择各种不同动物的防御行为进行观察并对比。(2)组织学生在班级博客中讨论动物的防御行为对动物个体和种族生存的意义。总共 2 课时。

专题 3　动物翅膀与飞行的秘密。内容包括：(1)在 VR 课程中通过从不同的角度对飞行动物的翅膀进行观察,并比较不同动物飞行时翅膀的不同动作,掌握动物飞行的秘密。(2)展开丰富的想象力,在沙箱中绘制作品：让我们插上翱翔天空的翅膀。教师选优秀作品进行 3D 打印,在课堂交流展示。总共 2 课时。

【课程实施】

本课程以一学年为一个教学周期,一个学期每两周安排一次课程,共 18 课时,每课时 40 分钟,参与人数不超过 12 人。要求学生有一定的信息素养、对科学的探索有浓厚的兴趣。场地选择我校的 VR 实验室,采用自编、选编、创编的教材,引入 zSpace 极倍 VR/AR 技术(包括硬件设备和相应软件)及其 3D 资源库,具体实施途径如下:

1. 导入

为学生创设问题情境,激发学生探究科学领域的浓厚兴趣。

2. 活动

学生在 VR 环境下,通过操作交互笔等功能观察宏观、微观世界,并在沙箱里进行作品创作。

3. 交流

采用小组之间交流和全班交流方式交替进行,也可以选择到班级博客里进行网络交流。

4. 分享

可以是组内分享,然后全班展示,也可以将作品上传至班级博客里进行网络分享。

5. 拓展

在分享活动体验之后,发起拓展活动,将学习延伸到课堂之外,如在全校发起倡议。

【课程评价】

根据"VR 实验室"的课程特点,采用 VR 系统带有的过程性评价系统。通过课堂小测、课堂抢答等多元评价方式。

1. 过程性评价

任课老师每月开展一次 VR 课程学习的过程性评价,采用自评与他

评(家长,老师,同学)相结合,评选出得分前3名的学生,并颁发奖状。具体如下表:

评价指标	分值	评价			
		自评 (20%)	家长评价 (30%)	教师评价 (30%)	学生互评 (20%)
对虚拟实验的操作正确得当,学习目标明确	20				
积极参与学习和研讨,主动思考	20				
作品富有创意并全班分享	20				
能积极参与拓展活动,将课堂延伸到社区	40				
总评					

2. 结果性评价

对学习结果的评价,一是教师通过教学辅助系统自带的"课堂小测",快速了解学生的学习情况,同时教师通过系统科学、自动化的分析能够准确地掌握学生对某一个知识点的学习情况。二是将学生的VR作品通过3D打印机打印出来,再在班内进行展示交流,既加强了课堂管理,又给教师对学生的学习水平做出评判提供依据,并能使学生体验成功乐趣,提高学生的探究能力。

3. 总结性评价

每个学期末,进行一次期末测验,测验的内容,包括笔试和实操部分,笔试主要检测本学期学习过的知识及VR的应用理论,实践操作要求学生在VR沙箱制作一幅有创意的作品。成绩在80分及以上的,都评为"创意之星"。排名在前三的评为"VR小达人"。教师将学生的优秀作品进行收集和整理,制作成幻灯片或视频在学校操场上进行展播,同时上传学校微信公众号、班级博客,供同学、家长交流评议。也可以通过3D打印在全校展示,并适时选送学生作品参加相关比赛。

(课程开发者:梁正发)

趣味俄罗斯方块

数学是思维的体操,学数学离不开思维,没有数学思维,就没有真正的数学学习。趣味俄罗斯方块的基本规则是移动、旋转和摆放游戏自动输出的各种方块,使之排列成完整的一行或多行并且消除得分,让学生在趣味中训练思维。

【课程背景】

《义务教育数学课程标准(2011年版)》指出数学是研究数量关系和空间形式的科学。"趣味俄罗斯方块"课程以学生认识平面图形及图形的运动知识为基础,它的开设可以发展学生的空间与图形概念,培养数学能力与想象能力,为后续学习奠定坚实的基础。通过介绍俄罗斯方块的相关知识和游戏规则,设计闯关游戏,让学生在玩游戏的过程中加深对图形变换的认识,同时训练思维。

俄罗斯方块是一款风靡全球的益智游戏,它由俄罗斯人阿列克谢·帕基特诺夫(Alexey Pazhitnov)发明,故得此名。它有七种基本形状,均由四个面积相等的正方形边对边连起来组成,根据它们的形状分别命名为 I、J、L、O、S、T、Z。

"趣味俄罗斯方块"课程的理念是:趣味俄罗斯方块,变化无穷。我校开发"趣味俄罗斯方块"课程,旨在培养学生的数学思维能力,加强思维的训练,既有利于数学教学,又有利于提高学生的全面素质,让学生感受玩俄罗斯方块的乐趣,感悟数学的美。

【课程目标】

1. 知识与技能目标：能说出俄罗斯方块的历史由来和基本构成，感受图形运动的广泛应用，尝试用俄罗斯方块的基本图形拼出精美图案。

2. 过程与方法目标：经历观察、想象、操作、同伴合作等教学活动，进一步提高自己的观察能力、分析能力、动手操作能力和逻辑推理能力。

3. 情感态度价值观目标：在动手操作过程中体会数学，提高数学学习兴趣，学会合作、学会创造。

【课程内容】

本课程是在学生学习平面图形及图形的运动知识的基础上的课外延伸。具体而言，本课程主要包括以下内容：

1. 学习俄罗斯方块的历史和结构

介绍俄罗斯方块的由来、获得的荣誉和影响力及游戏规则。它有七种基本形状，均由四个面积相等的正方形边对边连起来组成，根据它们的形状分别命名为 I、J、L、O、S、T、Z。总共 1 课时。

2. 自制俄罗斯方块

学生在了解俄罗斯方块七种基本形状的基础上，独立尝试制作，全班交流，得出俄罗斯方块七种基本形状的制作方法，并依据它们的形状记忆名称。总共 2 课时。

3. 闯关游戏

第一关，分三个环节。第一环节，用两块俄罗斯方块拼轴对称图形；第二环节，用俄罗斯方块中的一个轴对称图形，一个其他图形，拼成一个轴对称图形；第三环节，用一个轴对称图形和两个其他图形，拼成一个轴对称图形。

第二关,教师给出俄罗斯方块图,学生根据空缺的图形想象需要的基本形状组合。

第三关,教师给出基本图形的组合图,让学生尝试进行分解。

第四关,学生自己制定游戏规则,挑战同学。

总共 8 课时。

4. 创意图案

学生在课堂上通过合作探究、自由讨论等方法设计创意图案。总共 2 课时。

【课程实施】

本课程为三年级上学期学生的必修课,每周 1 课时,以一学期为一个教学周期。课程实施之前教师提前布置学生准备多个大小相同的正方形纸片、俄罗斯方块七种基本形状模块放在信封里。每周三下午第二节课为数学校本课程时间,任课老师由本班数学科任老师担任,授课以班级为单位,进行集体教学,上课地点在本班教室。教师可以下载俄罗斯方块游戏软件让学生上讲台进行实践操作、体验尝试,激发学生学习本课程的兴趣。具体实施方法如下:

1. 教师讲授与学生自主探究相结合,教师引导与学生自主练习相结合

本课程的第一模块"俄罗斯方块的历史和结构"属于文本学习,教师采用讲授的方式进行,第二、三和四模块属于探究类课程,可以采用教师引导和学生自主探究的方式进行,先由教师操作示范,学生在模仿和探究中掌握俄罗斯方块游戏的方法。

2. 自主学习与合作学习相结合

本课程主要以游戏的形式进行,游戏是儿童的天性,通过富有挑战性的闯关游戏,学生经历图形的拼组和分解练习,培养思维的独立性,鼓励学生通过合作探究,解决拼组和分解过程中的问题。

【课程评价】

根据"趣味俄罗斯方块"的课程特点,注重过程性评价与结果性评价相统一,运用两种评价方法,一是参与性评价,二是展示性评价。

1. 参与性评价

参与性评价包含:课前准备、出勤情况、课堂参与、与人合作、课后作业五个部分。每个部分 10 分。平时要做好记录,一个月公布一次。

"趣味俄罗斯方块"课程学习评价表 1

评价指标		分值	评价			
			自评 (20%)	互评 (30%)	指导老师 评价(50%)	综合评分
参与性评价 (50分)	课前准备	10				
	出勤情况	10				
	课堂参与	10				
	与人合作	10				
	课后作业	10				

2. 展示性评价

展示性评价是对学生学习结果进行的评价。展示分作品展示和小老师两种形式,各 30 分和 20 分。作品展示是学生在课堂上完成闯关游戏前三关要求的图形。小老师是学生能够制定俄罗斯方块游戏规则,并向同学分析与操作展示。

考评按照自评、互评、指导教师评价相结合的原则进行,最后形成综合评定等级。其中,自评权重为 20%,互评权重为 30%,指导教师评价权重为 50%。

"趣味俄罗斯方块"课程学习评价表 2

评价指标		分值	评价			
			自评 (20%)	互评 (30%)	指导老师 评价(50%)	综合评分
展示性评价 (50分)	作品展示	30				
	小老师	20				
综合评价						

    学期末,任课教师根据参与性评价、展示性评价的结果对学生进行综合评价。学生综合评价等级分为优、良、合格与待合格四级。80 分及以上为优秀,70—79 分为良好,60—69 分为合格,60 分以下为待合格。

(课程开发者:辜文转)

探秘海之南

采撷琼岛人文资源,让海洋文化精神在学校扎根,在乡土文化的浸润中,培养学生的家国情怀。

【课程背景】

海洋是地球表面被各大陆地分隔为彼此相通的广大水域,占地球表面积的 70.8%,是孕育地球生命和人类文明的摇篮。我国是濒海大国,拥有极其丰富的海洋资源,海洋同时也直接关系着中华民族的生存、发展和安全。海南岛是我国第二大岛,四面环海,海洋自古以来是海南人民赖以生存的家园。我校坐落在风景秀丽的西秀海滨,站在学校"启航楼"远眺,蔚蓝大海映入眼帘。作为我校学子,应了解海南"因海而生、依海而立"的历史,参与它的现在,致力它的未来。为此,我们开发了海洋文化乡土课程,并命名为"探秘海之南"。

近年来,随着我国"海洋强国"发展战略的深入实施和海洋事业的不断发展以及南海等海洋主权问题的凸显,在中小学开展海洋意识教育日益引起人们的重视。我校前身为海军某部队的子弟小学,与海洋有着深厚的历史渊源。部队军史馆、观澜湖海洋世界、南海博物馆、海南博物馆等众多与海洋相关的硬件设施为学校开展海洋意识教育提供了载体;海军部队、海口海事局、海口市国家帆船帆板基地等海洋教育资源成为有力依托。

"探秘海之南"课程结合校本教材和地方教材《我们的海洋》,从一年级到六年级分别设置"认识海洋"、"亲近海洋"、"海上之路"、"走向深蓝"四个主题不同、层次递进的内容,全面推进海洋意识教育。本课程在低年级引导学生了解海洋的基本情况、认识海洋生物,激发学生对海洋的兴趣;在中年级进一步培养学生关爱海洋的情感;进入高年级后,了解"海上之路"的历史与未来,参与"进军营登舰艇"等实践活动,增强海洋国防意识。课程引导学生在活动中自主学习、同伴教育、合作探究,对传统海洋意识教育活动方式进行补充和改进,让学生从小树立海洋观念,增进学生对海洋的理解和关心,树立保护我国海洋主权与生态环境的意识,培养学生的家国情怀,从对"家"的了解抵及对"国"的尊爱。

【课程目标】

1. 知识与技能目标

(1) 认识海洋、知道海洋是怎么形成的,初步了解海浪的成因、类型及其与生活的关系。

(2) 了解海洋动植物,了解海洋生物的生存现状并探究海洋生物减少的原因,认识到环境污染和人类活动对海洋生物生长繁殖的危害。

(3) 了解海南华侨"下南洋"的历史,初步了解海南岛在"海上丝绸之路"的作用。

(4) 初步学习海军知识,掌握初步的海军军事技能,养成良好的组织纪律和学习生活习惯。

2. 过程与方法目标

(1) 通过故事讲述、展示直观的图片、观看主题电影、参与实践活动等形式,使学生对海洋有初步的认识。

(2) 能够通过查阅书刊、上网等方法,搜集有关海洋的信息。

(3) 通过合作探究、考察等活动,提高学生实践能力,关心支持海洋国防建设。

3. 情感态度价值观

(1) 激发热爱大海、关爱大海、向往大海的兴趣,具有探索海洋奥秘的持续愿望。

（2）树立环保意识，保护海洋，保护环境，增强海洋小卫士的责任感。

（3）感受海洋文化的博大精深和迷人魅力，为提升海洋文化意识、提高传承和创造海洋文化能力奠定基础。

（4）形成热爱大海、热爱家乡、热爱祖国的情感，增强海洋国防意识。

【课程内容】

"探秘海之南"整个课程由认识海洋、亲近海洋、海上之路、走向深蓝四个主题板块组成。围绕这些内容，我们进一步统整和拓展出由相对应的内容组成的小单元。根据学生学情的变化和发展，在不同的年级设置不同的主题板块，由浅入深，逐层递进。

本课程内容有以下特点：

1. 同步性。与海南地方课程"我们的海洋"（国家海洋局编写）所学知识保持同步性，在此基础上加以拓展：有些内容可有机融入地方课程的学习中，既是对地方课程的补充和拓展，又是对校本课程的巩固与延伸。一二年级进行"认识海洋"主题板块的学习，三四年级进行"亲近海洋"主题板块的学习；五年级进行"海上之路"主题板块的学习；六年级则是进行"走向深蓝"主题板块的学习。

2. 开放性。内容结构的开放性即本课程紧紧围绕海南岛与海洋的关系为基本主题，课程内容跨度较大，但都抓住"海洋"为发展主题进行拓展；参与人员的开放性即参与人员除了教师和学生外，还包括科研人员、部队官兵和家长等社会人士。

3. 实践性。我们的教学没有停留在书本和课堂上，大海就在家门口，我们鼓励和带领学生参与实践活动，走向海岸、走进社区、走进博物馆，用相机、用纸笔、用双手触摸和探寻海洋的奥秘，用双脚丈量海南岛的成长史。

一二年级"探秘海之南"课程内容一览表

年级	主题	内容
一二年级	认识海洋	"你好海洋"、"浪花朵朵开"、"美丽的海底花园"、"海洋动物"、"海洋植物"、"我想和你做朋友"(活动)、"雏鹰衔贝"(海洋作品制作)、"海的音画"(观影)、"红树湾,我的家"(研学)等
三四年级	亲近海洋	"美丽的沙画和沙雕"、"南海美食"、"海的音画"、"畅游海洋馆"(研学)、"鱼儿都去哪儿了"、"对海洋污染说不"(社区实践)、"水上安全我知道"(海事局研学)、"我是海岛小导游"(实践)等
五年级	海上之路	《更路簿》与下南洋"、"走近跨海大桥"、"海的音画"、"潭门赶海"(民俗节日研学)、"海上丝绸之路"、"平安出航"、"海盐场"(研学)、"爱我三沙"、"蓝色的保卫"、"一日小海军"、"扬帆起航"等
六年级	走向深蓝	

【课程实施】

本课程为一至六年级学生的必修课,每周1课时,安排在学校课程表上,执教老师为海洋或科学科任教师。

海洋素养是一种综合素养,综合素养的获得最有效的途径是实践,实践的前提是学习方式的转变。"探秘海之南"课程的学习方式重在"探索",面向每一位学生,让他们都有机会参与海洋主题综合实践。因此,本课程的实施主要以情境体验、探究分享、实践活动的方式进行。

(一)情境体验

1. 合理创设情境,引发感悟——在低年段课堂教学中,使课堂教学更接近现实生活,使学生如临其境,如闻其声,加强感知,突出体验。比如还原"捡螺、拾贝、抓蟹"等情节,创设海浪声声、渔歌阵阵的有趣情境,丰富学生多元的海洋体验。

2. 影视学习——以影视作品为载体,让这种具有直观性、逼真性、通俗性,汇聚声、色、光、影完美融合的艺术形式在课堂中呈现,将海洋题材的影视作品规划成具有阶梯性和阶段性的板块,通过影视作品增强学生对海洋的情境体验,丰富视野,丰满心灵,提升学生的思维品质,给学生的生命打上丰富的底色。

(二)探究分享

1. 问题导学——以目标为导向,以问题为驱动。教师提供有关海洋主题活动的资料,引发学生的思考,让学生以小组合作的形式共同解决问题,引导学生有针对性地开展活动。

2. 项目学习——将海洋教育课程内容与学生生活、现代社会发展联系起来,引导学生在活动中发现、探索,产生自己感兴趣的问题,挑战想完成的任务。在合作、探索、体验等活动中拓宽学生关于海洋的知识面,树立起热爱海洋、捍卫祖国海疆的意识。

(三)实践活动

1. 场馆学习:场馆学习给学生提供了广阔的空间,学生在课堂里学习相关知识后进入场馆,以实物为载体进行亲身参与和互动体验,在运用与实践中深化拓展所学的知识。学生在实地了解海洋相关知识的过程中,真正地登上了舰艇,走进了军营、博物馆、海洋馆、军史馆,他们通过多种途径收集相关的资料,整理资源,发展了学习的自主性、选择性、探究性以及多元性。

2. 社区实践:每学期开展一次"海洋小卫士"志愿者主题活动,通过海洋科普、环保宣传、海滩拾遗等实践活动,让海洋环保教育形成影响力,带动家庭、社区乃至社会的进步。

【课程评价】

本课程的评价采取过程性评价(50％)和结果性评价(50％)相结合的方式,成绩以等级计算,分为 A、B、C、D 等级。

其中,过程性评价分为能力评价和项目学习评价。

1. 过程性评价(50%)

能力评价表

班级：　　　　　　　　　　　　　姓名：

项目	等级			学生自评
	A等	B等	C等	
对海洋知识的认知能力	了解本学期所学的海洋基础知识，对海洋知识有浓厚的兴趣	了解本学期所学的大部分海洋知识	了解本学期所学的小部分海洋知识	
平时表现和作业完成情况	课前预习，课中有思考，大胆提问，能独立完成课后作业	课前预习，课中听讲，能完成课后作业	课中听讲，能完成课后作业	
主动参与课堂实践活动情况	认真主动参与课堂实践活动	参与课堂实践活动，但积极性不高	有时候会参与课堂实践活动	
成绩				

　　备注：能力评价表主要对课堂教学进行监测，共计3项评价内容，获得2个A或以上为A等；1个A+2个B(或3个B)为B等；一个B+2个C(或3个C)为C等。

项目学习评价表

班级：　　　　　　　　　　　　　姓名：

项目	时间	地点	内容	学生自评	家长评价(同伴)	教师评价
小组活动						
观看电影						
场馆学习						
社区活动						

　　备注：项目学习评价表主要针对课外项目学习进行评价，如果是家长和孩子一起进行，由家长对孩子的表现作出评价，如果是同伴小组学习，则由同伴互评。学生参与项目活动后填写本表，教师根据学生的参与度和完成情况进行综合评价：共有4项评价内容，获得3个A或以上为A等；2个A+2个B(或1个A+3个B或4个B)为B等；2个B+2个C(或1个B+3个C或4个C)为C等；2个C+2个D(或1个C+3个D或4个D)为D等。

学校课程体系的建构：
"小螺号课程"的架构与创生

2. 结果性评价(50％)

　　学期末,科任教师针对学生一学期的整体表现,结合试卷监测对学生进行集中考核和评价。对能力评价 A 等 + 项目学习评价 A 等 + 试卷监测 90 分以上的学生给予表扬,并在年级里评选"海洋之星",颁发奖状。

(课程开发者：周瑜)

第四章

启健：躬体力行强身心

健康不仅要有强壮的体格,而且也需重视心理健康,只有身心健康、体魄健全,才是完整的健康。培养学生健康的身心,需要学校重视并引导学生躬体力行。秀美韵律、乒乓健将、启航足球、心理资本等课程让学生身心兼修,魂魄并铸,泰然自若地面对学习、生活中的挫折和失败,走向幸福的多彩人生。

秀美韵律

韵律操以流动的诗、运动的画、跳动的旋律,培养学生的节奏感、韵律感、审美观和练就健美的体态。

【课程背景】

新课改要求培养学生德、智、体、美、劳各方面全面发展,体育与健康课程在培养和提高学生身体素质、运动技能以及心理健康这几个方面起着非常重要的作用。课标中指出在小学体育教学的每个阶段中都要让学生掌握一定的韵律动作,提高学生的身体协调性以及审美能力。但是在实际教学过程中,也存在着一些问题,影响学生对韵律操的掌握。例如低年级的学生比较活泼好动,自制能力比较差一些,注意力也不能长时间集中,练习时间稍长大部分的学生就会出现思想怠慢等现象,导致学习效果降低。此外,男生在学习的时候兴趣没有女生高,他们比较倾向于一些带有刺激性的练习,总觉得韵律操是女孩子学习的东西,在学习的过程中觉得别扭从而不愿学习,只是为了学习而学习,不能体会到学习韵律操的意义和乐趣。

韵律操属于徒手操的一种,是一种在音乐伴奏下运用各种不同类型的动作,融体操、舞蹈、音乐为一体的身体练习方式。韵律操是健、力、美的综合表现,它以增进健康形体、美化姿态、调节情感、发展身体协调能力及灵活性为目的。只要掌握若干典型动作,就能配合音乐节奏进行自编自练。练习一套编排合理的韵律操,对于处于生长发育迅速期的小学生来说,可以形成正确的身体姿态,促进骨骼、肌肉的生长,培养节奏感和韵律感,发展协调性和灵活性。此外,对培养学生开朗的性格、健康的心理以及对将来的学习、生活和交往都具有重要的意义。

【课程目标】

1. 知识与技能目标

了解韵律操对身体的益处。进一步提高学生对韵律操的认识和学习兴趣,掌握正确的身体姿态,能够按照音乐的节奏和速度,协调、规范、优美地完成动作组合及完成整套动作的学习,同时培养学生的模仿自学、自编、自练的能力。

2. 过程与方法目标

掌握由简单到复杂的韵律操动作。经过集体练习、小组合作学习,培养对韵律操的兴趣,增强节奏感,发展舞蹈潜能,促进身心健全发展。

3. 情感态度价值观目标

在学习过程中获得成功感,体验韵律操的艺术魅力及其带来的喜悦,培养积极的审美观及鉴赏能力,形成自信、乐观等良好品质,同时增强相互合作意识,体验人际交往,促进全面协调发展,增强社会适应能力。

【课程内容】

本课程以学生为主体,教师为主导。通过韵律操的学习,培养学生的韵律感,吸引学生主动参与,提高学习的兴趣。本课程内容分为四个模块:模块一,在音乐的伴奏下进行基本的部位练习,模仿不同动作、不同形象的走和简单的律动组合。模块二,通过韵律组合的学习,培养学生的韵律感和正确的身体姿势以及动作的协调性。模块三,了解学生的心理和生理特点,根据学生的需要选择套路动作。激励学生主动参与,热情表现,同伴间友好合作,互相纠正,小组讨论,共同提高。模块四,在练习时,发展学生的节奏感和听音乐的能力。播放相关录像素材,欣赏、感悟素材的风格和动作特点。再根据学生年龄特点,把课程内容分为三个层次,四年级注重韵律操的基本步伐、简单的动作组合,五年级注重韵律操的基本知识、学习整套韵律操,六年级注重学习整套韵律操、会编排韵律操的简单组合动作。具体而言,本课程主要包括以下内容:

第一,四年级上学期的内容包括韵律操理论知识、基本步伐、简单的组合动作,15课时;下学期的内容包括基本步伐、简单的组合动作、十二生肖韵律操,15课时。

第二,五年级上学期的内容包括韵律操的基本知识、古诗韵律操、考核,15课时;下学期的内容包括韵律操的步伐、古诗韵律操、小组表演,15课时。

第三,六年级上学期的内容包括韵律操理论知识、古诗韵律操、搏击操、考核,15课时;下学期的内容包括韵律操理论知识、搏击操、表演,15课时。

【课程实施】

本课程为四至六年级学生的选修课,每周一课时,每课时40分钟,每学期15课时,每学年共30课时。采用自编教材、网络视频等多种渠道获取教学资源,以舞蹈教室为教学场所。本课程的具体实施方法如下:

1. 讲解示范

通过教师的语言、肢体动作以及正确示范,激发学生对韵律操的学习兴趣,让学生观察、思考和模仿动作。

2. 循序渐进

采用循序渐进的方式进行教学。从单个动作到连贯的组合动作,再到整套动作的练习,由简单到复杂,层层递进。

3. 引领学习

优秀学生示范,集体观看,互相学习,掌握练习方法。培养学生观察力和记忆的能力。

4. 指导纠正

采用分组轮换练习或重复练习法，做 1—2 遍，互相观摩、互相纠正，教师随时指导，让学生掌握动作，提高兴趣。

5. 合作学习

在课程实施过程中，激发学生的学练热情，使学生有更多的表现机会，让学生获得成功的喜悦。引导学生互帮互助，学会鼓励和欣赏同伴。

【课程评价】

本课程采用参与性评价和展示性评价相结合。除教师评价外，还参考学生的自我评价和同学间互相评价的意见。期末对学生进行综合等级评定，等级分为优、良、及格和待及格四级。80 分以上为优秀，70—79 分为良好，60—69 分为及格，60 分以下为待及格。

（一）参与性评价

参与性评价为出勤情况，参与态度情况。

1. 出勤情况

根据教师对学生上课的出勤率记录评定，缺席一次扣 5 分。凡韵律操课请假（病假、事假）次数占实际授课时数的三分之一，不予评定本部分成绩。

2. 参与态度

学生遵守纪律，学习态度端正，能积极主动地参与学习，认真练习。

（二）展示性评价

展示性评价为教师在考评过程中，对学生掌握韵律操动作的质量进行评定成绩。

学期末，科任教师针对学生一学期的整体表现，结合参与性评价和展示性评价结果，对学生进行综合等级评定，对 80 分以上的学生给予表扬，并在年级里评选"健美达人"，颁发奖状。

"秀美韵律"课程评价表

评价指标		分值	评价			
			自评 （20％）	互评 （30％）	师评 （50％）	综合 评分
出勤情况	按时出勤	20				
参与态度	遵守纪律	10				
	主动参与	10				
	认真练习	10				
期末考评	动作正确 肢体协调	10				
	动作完整、连贯	10				
	动作优美	10				
	自编韵律操、 创作新颖	20				
综合评定 成绩及等级：						

（课程开发者：王彩惠）

乒乓健将

小球的世界也有大的天地。在银球闪耀上下翻飞中，培养学生"球不落地，永不放弃"的乐观、积极、向上、友爱精神，培养"爱心、聪慧、志趣、阳光"品质的启航少年。

【课程背景】

体育是学校教育的重要组成部分。德智体是不可分割的统一整体。体育是实现德育、智育的重要基础，是增强学生体质的有效途径，是关系到青少年健康成长的终身大事。众多的体育项目，尤其是运动技术性较强的运动项目，只有在中小学阶段学习掌握运动的技能技巧，才能在成长过程中继续不断地发展。

从当前的学校体育教学现状来看，很少在学生掌握某种运动技能上下功夫。素质教育的一个重要目标就是学生主动发展，培养学生的个性特长。我们认为，学生要在体育中达到"主动"，首先是要对体育有兴趣，兴趣则来自体育中的成功感，而成功的关键是对运动技能的掌握程度，"会"了才能体现"主动"。因此，在小学阶段，除了增强学生的体质，还应该注重培养学生掌握某项运动的技能，成为他们的一技之长，让他们终身受益。

乒乓球运动是一项技巧性很强的体育运动，它不仅仅是众人喜欢的体育运动，而且具有可观的健身价值，其自身的运动强度大小与运动双方技术水平的高低、竞技激烈程度的大小有着密切的关系。不同运动项目运动负荷的研究显示,乒乓球运动的平均负荷强度与篮球、排球、足球等运动相比偏低,因此大部分的乒乓球爱好者都能适应这项运动,运动量可大可小,从五六岁的儿童到七八十岁的老人都可以参加锻炼。长期进行乒乓球运动,能使人体的器官得到全面适当的锻炼,从而增强体质,提高健康水平。所以说乒乓球运动项目是一项非常适合在小学开展的体育项目。

【课程目标】

1. 通过开设乒乓项目的课程教学,丰富体育教学大纲的内容,激发学生对乒乓的兴趣,促进学生正常发育和机能协调发展,提高学生的灵敏反应能力。

2. 通过 2 年的系统教学,使学生达到一定的乒乓技能水平。

3. 通过选择性的群体教学,创造一个良好的学乒乓、打乒乓、喜爱乒乓的群体氛围,促进乒乓传统项目的开展,并对培养和输送少儿乒乓球运动员起到一个推波助澜的积极作用。

【课程内容】

本课程根据学生需求与发展目标,具体确定了如下内容:

第一单元设 3 个专题:乒乓球理论知识、球感训练、单项技术的复习。在这一单元里,三年级的主要内容及要求是:1.乒乓球运动发展概述、世界乒乓球运动发展史、中国乒乓球运动的发展;2.直拍横拍的握拍方法;3.球感训练:颠球练习、对墙击球练习。四年级的主要内容及要求是:1.当前世界乒乓球运动的发展趋势;2.复习正手攻球(斜线直线)技术;3.复习反手挡球(斜线、直线)技术;4.步法练习:跨步、垫步、并步、交叉步等。共 6 课时。

第二单元设 1 个专题:单项技术的学习、复习。在这一单元里,三年级的主要内容及要求是:正手攻球技术,包括徒手练习、攻球练习(直线)、攻球练习(斜线)、攻球练习(斜、直线)。四年级的主要内容及要求是：1. 复习正反手平击发球技术，包括直线多球练习及斜线多球练习；2. 学习正反手平击接发球技术，包括推挡接发球及正手攻球接发球。共6课时。

第三单元设1个专题：单项技术的学习、复习。在这一单元里，三年级的主要内容及要求是：反手挡球技术，包括徒手练习、挡球练习(直线)、挡球练习(斜线)、挡球练习(斜、直线)。四年级的主要内容及要求是：拉高吊弧圈球技术，包括徒手练习、多球练习、1搓1拉练习、步法练习(跨步、垫步、并步、交叉步等)。共6课时。

第四单元设1个专题：单项技术的学习、复习。在这一单元里，三年级的主要内容及要求是：正反手平击发球技术、步法练习(跨步)、复习正手攻球技术、学习左推右攻技术(两点打一点)。四年级的主要内容及要求是：复习正反手搓球技术，包括1对1对搓、对搓加转长(短)球、对搓不转球、1点对搓2点、2点对搓1点素质练习(复习拉高吊弧圈球技术，拉不转多球，1搓1拉练习)。共6课时。

第五单元设1个专题：正手攻球。在这一单元里，三年级的主要内容及要求是：正反手搓球技术(徒手练习、1对1对搓练习)、正手攻下旋球(1搓1攻)、左搓右攻、步法练习(跨步、垫步、并步、交叉步等)。四年级的主要内容及要求是：复习拉高吊弧圈球技术(拉不转多球、1搓1拉练习)、正反手下旋接发球技术：1发1接(搓、拉)。共6课时。

第六单元设1个专题：单项技术的学习、复习。在这一单元里，三年级主要内容及要求是：正反手下旋发球技术(徒手练习、多球练习)、复习正手攻球技术、左推右攻技术、素质练习。四年级的主要内容及要求是：复习拉高吊弧圈球技术(拉不转多球、1搓1拉练习复习)、正手攻球技术、左推右攻技术、学习正反手侧旋接发球技术。共6课时。

第七单元设1个专题：单项技术的学习、复习。在这一单元里，三年级的主要内容及要求是：正反手侧旋发球技术(徒手练习、多球练习)、复习正手攻球技术、左推右攻技术、素质练习。四年级的主要内容及要求是：裁判规则学习、教学比赛——大循环排名赛。共6课时。

第八单元设 1 个专题：单项技术的学习、复习。在这一单元里，三年级的主要内容及要求是：裁判规则学习、教学比赛(分组团体赛、单打淘汰赛)、步法练习(跨步、垫步、并步、交叉步等)、素质练习。四年级的主要内容及要求是：复习本学期所学技术。共 6 课时。

第九单元设 1 个专题：单项技术的学习、复习。在这一单元里，三年级的主要内容及要求是：复习本学期所学技术、发球技术考核、推挡技术考核、正手攻球技术考核。四年级的主要内容及要求是：发球技术考核、推挡技术考核、正手攻球技术考核、搓球技术考核、拉弧圈球技术考核。共 6 课时。

【课程实施】

课程实施分三个层次：

1. 结合学校实际情况，本课程由全体三、四年级学生自由选报。学校固定每周一至周四下午第三节课为上课时间。

2. 开展乒乓球课外活动，组建班级代表队。各年级利用每周的课外文体活动课，由乒乓球指导老师带领各年级代表队的学生深入学习乒乓球技、战术，开展班际乒乓球教学比赛。

3. 打破年级限制，统一教学。因器材场地少，所以采用先集中教学后分时练习的方法。室外球台自由练习。课余时间对学生开放室内球台，具体规定为：全队分两组，周二至周三，每组一天的活动权限，比如周二对 a 组开放，周三则对 b 组开放，以此类推。

【课程评价】

1. 评价内容及其标准

本课程的评价内容包括四个方面：(1)学生对乒乓球运动的兴趣；(2)学生对乒乓球运动技能的掌握；(3)学生间人际交往状态的改善程度；(4)学生获得的成就感。具体评价指标如下表所示：

学生运动技能的掌握评价表

序号	学生	发球技术（20分）	推挡技术（20分）	攻球技术（20分）	搓球技术（20分）	战术运用（10分）	步法掌握（10分）	综合得分

说明：前四个评价项目的技术动作、击球质量各占 10 分；综合分 60—74 分为合格，75—89 分为良好，90 分以上为优秀，60 分以下为待合格。

学生训练表现综合评价表

序号	学生	训练态度（25分）	技能掌握（30分）	团结协作（25分）	成就感（20分）	综合评价

说明：85 分及以上为优，70—84 分为良，70 以下为一般。

2. 评价形式

（1）学生自评：学生针对以上内容进行自评。

（2）教师评价：教师根据学生在学习中的表现、训练实践态度、运用技术的能力等，可用成绩册、记分的方法，简单记录每位学生的表现，作为评价依据。

（3）学生互评：学生根据被评者的学习程度给予适当的评价。

（4）他评：家长、社会对学生技能的评价，如参加校外比赛活动时学生的表现情况。

（课程开发者：李飚）

启航足球

足球是世界上一项伟大的运动,它充满魅力和激情,深受学生的喜爱。通过足球运动可以让学生学到尊重、谦逊、努力、团队精神等价值观,让学生成为更全面的人。

【课程背景】

新课改要求培养学生德、智、体、美、劳全面发展。足球运动就是一个非常好的手段。通过足球运动可以让学生学到尊重、谦逊、努力、团队精神等价值观。一至三年级的学生非常喜欢游戏,这一时期也是学习的黄金期。足球运动本身就是学生非常热爱的运动,是世界三大球之一。足球运动对抗性强,运动员在比赛中采用规则所允许的各种动作包括奔跑、急停、转身、倒地、跳跃、冲撞等,其内容丰富,形式多种多样。它对培养这个年龄段的学生身体协调性、技术技能、健康心理、社会交往能力等都有积极的作用。

启航足球是学校为了不断提高素质教育质量、深化教育教学改革、丰富学校内涵、提升学校办学品位而设置的拓展性课程。

本课程的核心理念是:不仅培养足球运动员,更要让队员成为成功的人。

【课程目标】

1. 了解足球比赛的基本知识,初步认知足球触球基本部位以及动作,建立良好的足球运动概念。

2. 通过足球比赛,培养动作的协调性、节奏感和模仿能力、自我表现力以及良好的自信心。

3. 在足球比赛中学会交流沟通、尊重、谦虚、努力、勤奋、团队合作等价值观,学会合理身体对抗,学会从错误中学习。

【课程内容】

本课程以学生为主体,教师为主导。通过足球比赛和训练,吸引学生主动参与,提高训练的兴趣。本课程内容分为四个模块:模块一,球感练习。模仿不同动作,学习不同脚的部位触球和简单的技术动作。模块二:技术练习。通过足球技术练习,从简单到复杂,从单一到组合,从慢到快,不断反复地训练,发展正确的身体姿势以及动作的协调性。模块三:技能练习。合理地在比赛场景中运用技术和快速决策的能力,加入实战和接近比赛的训练。模块四,实战比赛。分组对抗,鼓励合理、大胆使用技术,不害怕失误,从错误中学习。比赛结束,进行放松牵拉,点评小结,收拾器材。

本课程的具体内容设置如下:

一年级上学期"启航足球"课程内容是:足球球感练习,2课时;协调性练习,5课时;简单的个人技术练习,8课时。下学期的内容是:简单的技术加强练习,3课时;技术组合练习,4课时;足球技能练习,8课时。

二年级上学期"启航足球"课程内容是:足球进攻一对一,2课时;足球进攻一对一突破,11课时;小比赛考核,2课时。下学期的内容是:足球进攻一对一突破射门,3课时;足球进攻突破摆脱射门,10课时;小组对抗一对一、二对二,2课时。

三年级上学期"启航足球"课程内容是:加强进攻二对一,2课时;进攻一对一加一,3课时;小组对抗二对二加一,10课时。下学期的内容是:脚内侧传接球,2课时;抢圈三对三,12课时;小组对抗三对三,2课时。

【课程实施】

本课程采用自编教材、网络视频等多种渠道获取教学资源。以足球场、多媒体教室为教学场所。每周每班一课时,周一至周四共四个班,每班不超过 16 名学生,每课时 60 分钟,每学期 15 课时,每学年共 30 课时。本课程的具体实施方法如下:

1. 讲解示范

通过教师的语言、肢体动作以及正确示范,激发学生对足球的学习兴趣,让学生观察、思考和模仿动作。

2. 循序渐进

采用循序渐进的方式进行教学。从简单到复杂,从单一到组合,从慢到快,不断反复地训练,层层递进。

3. 引领学习

优秀学生示范,集体观看,互相学习,掌握练习方法,培养学生观察力和记忆的能力。

4. 指导纠正

采用分组轮换练习或重复练习法,做 1—2 遍,互相观摩、互相纠正,教师随时指导,让学生掌握动作,提高兴趣。

5. 合作学习

课程实施过程中,激发学生的学练热情,使学生有更多表现机会,让学生获得成功的喜悦。引导学生互帮互助,学会鼓励和欣赏同伴。

【课程评价】

本课程的评价采取过程性评价与结果性评价相结合的方式进行。

1. 过程性评价

根据学生平时课堂的出勤率、参与度和积极性,从自评、互评和师评三个角度做出不同的评价。

过程性评价表

班级：　　　　　　　姓名：

项目	等级			学生自评	学生互评	教师评价
	A 等	B 等	C 等			
对足球比赛规则的了解	了解足球的起源和发展，对足球训练和小比赛有较大的兴趣	了解本学期所学的知识和小比赛	了解本学期所学的知识，兴趣一般			
平时训练表现和对比赛投入情况	技术和技能训练部分能百分百投入，能在比赛中独立决策	技术和技能训练部分能百分之八十投入	技术和技能训练部分能参与，比赛投入一般。			
主动参与训练和比赛情况	认真主动参与训练和比赛	参与训练和比赛，但积极性不高	有时候会参与训练和比赛			
总评等级						

备注：过程性评价内容共计 3 项，每项又分为学生自评、学生互评和教师评价，各分项及总评的标准一致，获得 2 个 A 或以上为 A 等；1 个 A+2 个 B（或 3 个 B）为 B 等；一个 B+2 个 C（或 3 个 C）为 C 等

2. 结果性评价

每学期根据教学任务，由任课教师对学生进行踩球、颠球、顶球、传球、运球、射门等项目的测试，测试结果作为学生的课程成绩。

最后，由任课教师对学生课程学习情况进行综合评价，对过程性评价为 A 等，足球项目测试成绩在 80 分及以上的学生给予表扬，并评选为"足球小明星"，颁发奖状。

（课程开发者：李介裕）

心理资本的绽放

心理资本是个体在生命过程中呈现出来的积极的状态。自信是个体积极品质之一,同时也是行动力的风向标,提高学生的自信心是必要的。

【课程背景】

2012年修订的《中小学心理健康教育指导纲要》指出中小学开展心理健康教育,是学生身心健康成长的需要,是全面推进素质教育的必然要求。在工作实践中发现,四年级学生对作业多、学业压力大、学习没意思的现象反应较为强烈,对于教师提出的问题,如"你认为学习会使你快乐吗?"大多学生回应较为冷淡。这些现象表明了小学中年级学生心理资本因学业的压力而有所降低,容易产生学习倦怠。另外,笔者还采用彭化军等人(2014)的《中小学心理资本问卷》对本校中高年级学生进行了问卷调查,结果显示四年级学生心理资本中的自信维度稍低。这在一定程度上对学校要塑造"爱心、聪慧、志趣、阳光"的"启航娃"造成消极影响。因此,本课程遵循学校的"执爱为舵,扬帆启航"的办学理念,通过心理活动课程提高学生的自信心,培养积极阳光的心态,增强抗压能力,促进人格的完善。

小学中年级正处于儿童期向青春期过渡的特殊阶段,这一阶段心理资本的高低直接影响到学生日后的发展。因而本课程的设计在2012年修订版的《指导纲要》的基础上,结合了四年级学生的心理特点和需求,旨在激发学生内在的积极品质,培养学生良好的心理素质,促进其身心全面和谐发展。

【课程目标】

1. 知识和技能目标:了解自己的社会支持系统;客观认识自己,学会寻找自身优势;掌握设定适合自己目标的方法。

2. 过程与方法目标:通过参与游戏,活跃课堂氛围,引导学生发现自我与他人的优势;开展小组讨论和分享,加深学生对社会支持和目标的认识,建立个体自信心。

3. 情感态度与价值观目标:深化积极、健康的情感体验;认识自我价值和优势,相信自己的能力,树立正确的自我评价观,最终提升心理资本中的自信维度。

【课程内容】

本课程以"心理资本的绽放"为主题,采用心理活动课的形式,结合弗雷德·卢桑斯(Fred Luthans)的心理资本干预理论(PCI),不仅能使学生充分放松自我、流露真情,促进学生之间思维的碰撞,还能激发学生参与活动的热情,有助于相互信任和真诚分享,与预期达到的目的可谓不谋而合。本课程内容分为五个单元,分别是"缘分天空"、"生命的色彩"、"积极转换"、"优点大轰炸"、"我为我掌舵"。具体内容如下:

第一单元:"缘分天空",设计两个环节活动,分别为"个性名片"、"契约盖章",2课时。

第二单元:"生命的色彩",设计两个环节活动,分别为"故事导入"、"生命的色彩",2课时。

第三单元:"优点大轰炸",设计两个活动环节,分别为"大风吹"、"优点大轰炸",1课时。

第四单元:"积极转换",设计两个活动环节,分别为"雨点变奏曲"、

"传球游戏",1 课时。

第五单元:"我为我掌舵",设计三个活动环节,分别为"故事分享"、"自我探索"、"我的目标宣言",4 课时。

本课程内容有以下特点:

1. 递进性。每个单元的主题设定并不是独立、单一的,而是层层递进,逐步达到课程目标,即提升心理资本中的自信维度。比如单元三是"优点大轰炸",不仅让成员在自我观察和他人观察中发现自己的优点,还可以在团体述说他人优点过程中,学会模仿他人,树立榜样作用。单元四"积极转换",让学生意识到事物既有阻碍的一面,其实也有畅行无阻的一面,要学会积极转换,让劣势变成优势,客观认识自己,学会寻找自身优势。

2. 活动性。每个单元都是以活动的形式展开,操作活动符合小学生的兴趣和需要。学生以活动主体的角色参与,而不是旁观者,充分体现学生的自主性,有助于他们全身心地投入和参与。

3. 养成性。以学生心理品质的养成训练为中心,如客观认识自己、观念的改变、情感的激发和沉淀、行为的塑造。

【课程实施】

本课程为四年级学生的必修课,一个学期两周安排一次课程,总共10 节课,每节课 40 分钟。以积极心理为理论框架,参考《积极心理学团体活动课操作》(阳志平著)、《团体心理游戏》(田国芳著)等课程资源。课程实施场地根据课程的实际内容变化,可以是教室或较为空阔的场地。课程实施的基本过程如下:

1. 导入:常见的导入是热身活动(游戏)、故事导入、歌曲导入等。

2. 活动:"契约盖章"、"自我探索"、"生命的色彩"、"讨论交流"等。

3. 交流:一般小组交流之后再全班交流。

4. 分享:一般组内分享之后再在全体学生面前分享,可以是口头分享,也可以是书面文字分享。

5. 升华：在活动体验分享之后，有感而发，升华主题。

【课程评价】

1. 教师教学评价

教师在每上完一节课后通过形成性评价表进行评价，既可以自评也可以同行互相评价，教师以此为参照，作为教学改进的依据，不断提高自身的专业水平和教学技能。

心理健康活动课形成性评价表

评价标准	具体要求	权重	评价			
			A(1.0)	B(0.8)	C(0.6)	D(0.4)
辅导理念基本正确	选题有针对性，符合学生年龄特征，并非盲目模仿	5				
	对辅导主题及核心概念理解正确，把握无重大偏误	10				
	能对学生偏离主题理念的发言妥善地引导	5				
活动设计思路清晰	目标明确，整体设计有创意，不照搬教学参考资料	5				
	活动形式活泼生动，具有较强的流动感和节奏感	10				
	"起、承、转、合"清晰有序，每一阶段紧紧围绕主题需要	5				
活动过程氛围和谐	气氛和谐活跃，学生参与积极性高	10				
	小组认真互动，分享体验有启发性，发言有真情实感	10				
	自觉遵守团体规范，现场活而不乱，学生有安全感	5				

评价标准	具体要求	权重	评价			
			A(1.0)	B(0.8)	C(0.6)	D(0.4)
辅导技巧运用得当	教师真诚、开放,充分尊重学生,表情开朗,语言亲和	10				
	注重"倾听、关注、同感、情感反映"等技巧的使用	10				
	注意适时引导,对学生发言的回应简洁又比较到位	5				
辅导效果初步呈现	学生在活动中有感悟、有体验,情感投入度较高	5				
	能自主提出解决自身困惑问题的对策,促进自我成长	5				

2. 学生学习评价

学生每节课结束后,自行填写满意度测评表,这样可以及时从学生的角度了解其对课程效果的评价,教师以此为参考,不断自省地完善课程,让学生在心理健康课程中真正受益。

心理健康课学生满意度评测表

第＿＿单元＿＿主题

亲爱的同学:

今天的课程又将近尾声了,你是不是觉得意犹未尽呢? 我们很想了解你对今天上课的一些感受和意见,可以作为我们改进下一次课的参考。请就下列每个题目的叙述,根据你的想法或感受的程度,在符合你实际情况的数字上方打"√",数字越小表示越不符合,数字越大表示越符合。谢谢你的合作!

1. 我能在这次课程中向别人表达我的看法。
   很不符合　1　2　3　4　5　6　7　8　9　10　很符合
2. 我喜欢这次课程的内容。
   很不符合　1　2　3　4　5　6　7　8　9　10　很符合
3. 我觉得在这次活动中学会了去关怀别人。
   很不符合　1　2　3　4　5　6　7　8　9　10　很符合
4. 我觉得对自己越来越了解了。
   很不符合　1　2　3　4　5　6　7　8　9　10　很符合
5. 这一次课程使我对自己越来越有信心。
   很不符合　1　2　3　4　5　6　7　8　9　10　很符合

6. 在这次课中我乐意和其他人分享我的经验。
   很不符合　1 2 3 4 5 6 7 8 9 10　很符合
7. 我觉得这次课的经历很有意义。
   很不符合　1 2 3 4 5 6 7 8 9 10　很符合
8. 我觉得这次课中大家都是互相信任而且坦诚的。
   很不符合　1 2 3 4 5 6 7 8 9 10　很符合
9. 我喜欢辅导老师的上课方式。
   很不符合　1 2 3 4 5 6 7 8 9 10　很符合
10. 我认为下一次可以改进的地方是：

_____

请签名_____

（课程开发者：何丽花）

第五章

启美：美韵迪思净心灵

中华民族传统文化博大精深,蕴含丰富的美元素:一把剪刀剪出一幅精彩有趣的美好生活画面,让民间艺术在生活中绽放异彩;点撇横捺竖弯中临摹出国粹之精髓,感受着中华书法艺术之魅力;剪贴撕拼刻印中创造出一幅美好的人生意境,体验着版画绘画艺术的别样精彩;美妙的歌曲触动心灵,优美的旋律沁人心脾,唤醒了内心的真善美;美轮美奂的舞步,点播着美的种子,让美在海韵的滋润中延伸;竹木叮咚传民族之音,脚步笃达洒愉悦心声。美的教育在返璞归真,优秀民族传统文化正融入校本课程,践行着培根铸魂的教育使命。

快乐剪纸

剪纸作为一种镂空艺术,以其独特的语言和技艺,抒发着人们热爱生活、快乐生活的情怀。以剪纸为载体,引领学生走进民间艺术,体验剪纸乐趣,剪出精彩有趣的美好生活,让民间艺术在生活中绽放光彩。

【课程背景】

"快乐剪纸"课程是义务阶段美术课程的补充。《义务教育美术课程标准(2011 年版)》的基本理念是,关注文化和生活,使学生了解人类文化的丰富性,在广泛的文化情境中认识美术的特征、美术表现的多样性以及美术对社会生活的独特贡献,并逐步形成热爱祖国和尊重世界文化多样性的价值观。

"快乐剪纸"课程是传承中国传统民间剪纸艺术的一种形式。剪纸是我国传统的民间艺术,起源于公元六世纪,在南北朝得以成熟和发展,繁盛于清朝中期,具有悠久的历史和艺术传承的魅力,2009 年被联合国教科文组织批准为人类非物质文化遗产。剪纸作为一种镂空艺术,在形式上有其独特的韵味,内容上体现着民间丰富的风俗人情和劳动智慧。剪纸用其独特的语言和技艺,抒发着人们热爱生活和快乐生活的情怀,使作品充满灵动气息与感染力。通过课程学习,让学生对民间剪纸艺术有全新的认识和理解,感受我国艺术的博大精深。

"快乐剪纸"课程体现了学校课程理念。培养具有"爱心、聪慧、志趣、阳光"品质的启航娃是我校启航教育课程理念。本课程的开设能使学生了解剪纸艺术丰富的内涵和变化技巧,培养学生艺术感知力和动手动脑能力,体验剪纸艺术的生活趣味和实用价值,更好地体现自我情感和创新思维,明白艺术来源于生活又服务于生活,激发学生热爱生活热爱艺术的情怀。

【课程目标】

1. 知识和技能目标:了解我国民间剪纸艺术,感悟我国民间剪纸艺术的魅力;体验剪纸艺术的多种表现形式,在巧手创新中感受剪纸艺术的乐趣;学习剪纸语言,掌握月牙纹、条纹、波浪纹、锯齿纹、旋转纹等基本技能,学以致用。

2. 过程和方法目标:通过实践练习,掌握剪纸基本方法和技巧,发挥想象与创新,提高学习兴趣;在合作探究中学会分享剪纸创作与交流感悟,在作品欣赏与思考中体验学习的收获与快乐;通过学习实践活动培养动手动脑的能力,勤思考、勤动手,在生活中发现美和创造美。

3. 情感态度和价值观目标:提高图像识读、美术表现、创新实践、审美判断、文化理解等美术核心素养,增强艺术感知力和审美能力;感悟艺术来源于生活,美化生活;培养热爱生活、热爱艺术、热爱祖国的情怀。

【课程内容】

本课程以"走进民间艺术,感受剪纸乐趣"为主题,课程内容安排以循序渐进为原则,探求艺术美。本课程内容从三个层面展开:一是发现美。根据年龄的特点,在三年级以初步了解与体验为主,学习剪纸的基本语言、团花的简单对称折剪方法,以及四方连续等花边剪法,体验对称折剪与基本语言的运用和形式美感,在学习中去发现和体验剪纸艺术的美。二是感受美。在四年级进一步巩固学习剪纸基本语言,在团花和花边学习中加以变化、组合与创新,学习简单的纹样设计,并联系生活实际学以致用,在练习中感受剪纸艺术独特的韵味和美感。三是创造美。五年级以主题创作实践为主,体验创新过程,制作成品,体验学习快乐,感悟创作的乐趣,在创作中领会装饰美感和艺术升华。

具体课程内容分为三大模块:

(一)剪纸语言和剪纸基本折剪方法学习体验阶段

剪纸语言和剪纸基本折剪方法学习体验阶段适用于三年级学生,共计四个主题教学,36课时为宜。本阶段的主题内容如下:

1. 三年级上学期主题是学习剪纸语言和团花剪纸。旨在了解民间剪纸艺术,学习基本的月牙纹、条纹、波浪纹、锯齿纹、旋转纹等剪纸语言,以及团花对称折剪方法。

2. 三年级下学期主题是学习花边剪纸和纹样变化。主要练习花边四方连续等折剪方法,欣赏图形变化和学习吉祥纹样。

(二)纹样组合和纹样设计巩固创新阶段

纹样组合和纹样设计巩固创新阶段适用于四年级学生,共计四个主题教学,36课时为宜。本阶段的主题内容如下:

1. 四年级上学期主题是学习纹样组合和纹样设计。通过学习图案变化组合活动,针对动植物不同造型纹样进行创新设计。

2. 四年级下学期主题是学习团花和花边创意。通过学习团花外形变化和花边图案活动,融入团花和花边的生活装饰性理念进行创新设计。

(三)拼贴技法和主题创意实践阶段

拼贴技法和主题创意的实践阶段适用于五年级学生,共计四个主题教学,36课时为宜。本阶段的主题内容如下:

1. 五年级上学期主题是学习纹样创意和拼贴技法。回顾色彩知识,学习拼贴表现技法,结合剪纸图案进行拼贴练习,开展纹样主题设计与创新活动。

2. 五年级下学期主题是学习创意设计和实践练习。开展主题创意构思、设计、整理、实践、练习等活动,创新组合完善作品,并进行展评和总结。

整个课程内容的编排,充分尊重学生年龄发展的规律,结合手脑运用能力的培养,增强学习兴趣,提高美术核心素养。

【课程实施】

本课程为三至五年级选修课,每周 2 课时,共需 36 课时,每课时 40 分钟,以一学年为一个教学周期。课程材料和教具准备为多媒体、课件、微课以及剪刀、彩纸等美术手工制作材料。参与人数 20 人为宜。本课程使用原创自编讲义、多媒体课件、教师范例等多种教学资源。以校本课程形式教学,执教老师自行安排任课,教师根据教学内容灵活构建教学细则,根据实际情况调整教学进度,灵活把握内容的实施,分为低、中、高三个阶段开展教学。具体实施如下:

(一)低段为初步学习和体验为主

1. 讲解剪纸基本语言的名称、基本纹样呈现的特点,以简易图形加深学习纹样的印象,找寻规律,展示剪纸技巧。

2. 演示纹样剪法,练习对称团花和四方连续等花边折剪方法,融合简单纹样练习,呈现纹样丰富的变化效果,激发学生的好奇和兴趣,促进剪纸语言的学习和理解。精心设置问题,激发学生探究愿望,拓展思维,开启自主学习模式,提高学习主动性。

3. 整合信息多媒体教学,课件呈现文本讲解和图片欣赏,学生以探究、思考、交流、练习等参与到学习活动中。

(二)中段为巩固练习和创意为主

1. 进一步加强剪纸语言的学习,将纹样加以变化、组合、创意,练习团花外形变化和纹样创意的折剪技巧,教师讲解与演示,在练习、对比、发现中去学习和体验,提高学习积极性与主动性。

2. 结合图解分析和图案纹样欣赏,学习简单的纹样平面设计。

3. 引导创新纹样和图案组合,结合生活实际感受剪纸艺术多姿多彩的魅力,学生在作品赏评中得到提高与进步。

（三）高段为创新和实践为主

1. 引导构思主题创作，结合生活题材，融入吉祥纹样等设计，整理所需材料，利用多渠道查询，合作交流，完善初稿。

2. 学习拼贴方法，回顾色彩知识，结合剪纸完成主题创作，呈现艺术美。

3. 学生互动交流与探讨，教师引导与提点，融入自助探究学习理念，提高学习主动性，作品赏评、小结、反思、感悟，在创作中体验学习乐趣。各阶段作品以多形式展示，如：班级作品展、校内艺术展、校外书画展、家校网络平台展示、班级微群和美篇分享等，以激发学生学习愿望，体验成就感，互相学习，共同进步。

【课程评价】

本课程主要采用过程性评价、结果性评价和综合性评价。通过三个环节的评价过程，了解学生对剪纸基本语言的掌握程度、运用技能、创新和对艺术的欣赏评价等情况，培养艺术学习能力与感知力，提高艺术欣赏力，增强人文素养。利用家校互助网络平台，让家长关注孩子的选修课，让学生在学习过程中体验学习的快乐与成就感，激发学习积极性和参与性，树立积极乐观的生活态度，激发热爱生活热爱艺术的情怀。

1. 过程性评价

任课老师每月对阶段性学习进行过程性评价，采取自评、互评（学生）和点评（老师、家长）相结合，了解基础知识掌握和创意互评等情况，给予分值评价，有附加分奖励（可对表现突出的学生给予附加分奖励，教师自行把握分值数）。具体如下表：

"快乐剪纸"课程评价表

评价指标	分值	评价				
		自我评价	学生互评	教师评价	家长点评	附加分
熟练掌握月牙纹、条纹、波浪纹、锯齿纹、旋转纹等剪纸技巧和方法	20					
能够把剪纸语言熟练地运用到团花与花边剪纸作品中	20					
剪纸纹样组合有创新,呈现生活艺术装饰性效果	20					
独立或合作完成具有特色的主题创意作品	20					
图像识读、审美判断、文化理解等核心素养有提高	20					
总评						

2. 结果性评价

期末进行学习考核,通过笔试、制作和学习过程三个方面结合,以作品完成和创意实践过程为主,累计分值评价,如:笔试30％、制作40％、学习过程30％(制作和学习过程两项可根据课程评价表获得个人得分),最后合计为总分,评出积分高的学生给予奖励。

3. 综合性评价

一个学期结束,教师根据学生整个学期表现进行考核,根据出勤率、评价结果的积分,给予学生相应的奖励,如:获得积分高的学生评为班级"小小艺术家"的称号;参加省、市、区或学校书画大赛获得奖项的学生给予奖状等鼓励,对学习进行一个整体总结。

(课程开发者:林海燕)

海韵书法

临池学书留墨香。海韵书法引领学生感受传统艺术之魅力，在传承国粹之精髓中体会空间之妙趣，在撇捺中获得审美的享受、哲思的启迪、心灵的美化。

【课程背景】

"海韵书法"课程是义务教育阶段小学书法课程的补充。教育部于2011年2月正式出台了《中小学书法教育指导纲要》，要求将书法教育纳入中小学教学体系，学生分年龄、分阶段修习硬笔和毛笔书法，各学校从小学三年级起要开设专门的毛笔书法课。开设"海韵书法"课程，能很好落实《中小学书法教育指导纲要》，同时也纠正学生书写过程中的握笔姿势不正确、字迹潦草、坐姿不端正、心态浮躁等问题。

"海韵书法"课程是传承中华书法的一种形式。书法是中国上下五千年来的优秀传统文化，它与中华民族精神融成一体，有着深厚的文化内涵，是世界艺术之奇葩，它以汉字为载体，涉及语言、文学、历史、美学等知识。作为一个中国人，特别是学生，有责任有义务传承中华书法，练好中华书法。

"海韵书法"课程体现学校课程理念。培养具有"爱心、聪慧、志趣、阳光"品质的启航娃是我校的办学理念。"海韵书法"课程侧重从趣味性、知识性的角度给学生以指导，在增长学生书法知识和书写能力的同时，培养学生良好的道德素质、身心素质和学习生活习惯，培养学生审美能力。

【课程目标】

1. 知识与技能目标：让学生了解书法发展演变知识；掌握正确执笔运笔姿势、执笔轻重的调控，以及书写坐姿、站姿及正确的读帖方法和临帖方法；通过书法基础知识和基本技能的学习，发展学生的观察力、注意力、记忆力、想象力和思维能力。

2. 过程与方法目标：创设学习情境，引导学生探索各种汉字造型方法；鼓励学生通过合作探究学习方式，增加学生书法实践的机会；让学生了解书法学科与其他学科以及社会的关联，美化环境与生活，形成综合学习的能力。

3. 情感态度与价值观目标：通过书法史的学习，让学生了解博大精深的书法内涵，培养学生正确的审美观和高尚的审美情趣，提高学生对美的感悟力、鉴赏力和创造力；让学生在练习书法中增强学生的民族自豪感，培养学生的爱国主义情操，磨炼学生的坚强意志。

【课程内容】

本课程以"继承民族文化——彰显书法魅力"为主题，课程内容安排以循序渐进为原则临习书法。本课程内容从以下方面展开：一是通过笔画和偏旁等几个层次的训练，使学生初步掌握、提高汉字的书写技能。二是在学生对汉字基本笔画、结构有所了解和训练的基础上，借助结构练习，熟悉构字部件笔形的变化规律，进而习得一般的结字法则和技巧，并通过整字练习部分的描红、临写，逐渐复习、巩固并掌握基本的书写技能。三是诗词练习，结合学生书写实践，领会汉字书写的同时，利用诗词抄写，培养学生对汉字的书写兴趣。四是安排与语文课本出现的古诗词的创作练习和书法作品欣赏，进行适当的书法欣赏或书法创作。本课程适用于三年级学生，32 课时为宜。

具体课程内容分为五个单元：

第一单元　中国汉字的源流和演变

1. 介绍中国汉字的源流和演变；

2. 介绍中国文房四宝。

安排 3 课时为宜。

第二单元　正确握笔和站立姿势

1. 掌握正确的握笔方法和运笔方法，把握合适的书写力度；

2. 养成"头直、身正、肩平、足稳，一拳、一尺、一寸"等写字姿势。

安排 3 课时为宜。

第三单元　临习

1. 对临

2. 背临

3. 意临

安排 8 课时为宜。

第四单元　汉字组合练习

练习竖提、竖弯、撇折、撇点、横撇、横钩、卧钩、斜钩等笔画，将基本笔画与常见偏旁结合训练，逐渐培养学生独立观察汉字结构、读帖、描红的能力。安排 8 课时为宜。

第五单元　创作展评

1. 展示对联、斗方、扇面等形式多样的作品；

2. 引导学生学会作品评议。

安排 10 课时为宜。

【课程实施】

本课程为三年级学生的选修课，课时安排为每周一、二下午 4：30—5：10。

教学中采用的方法及手段如下：

1. "选"，即选帖，选字。练字总是从临帖开始的，初学者宜从正书（楷、隶、篆）学起，选择的字帖需做到点画准确正规，字形平稳严整，必须是名家名帖。唐代颜、柳、欧诸楷帖;汉隶《曹全碑》、《乙瑛碑》、《礼器碑》、《张迁碑》;秦小篆的《峄山刻石》、《泰山刻石》皆可。其中欧阳询所书的楷书《九成宫》,可谓点画精到劲挺,结构安排合理,间架端庄标准,实践证明,初学者以此入手,易进入状态,但字体选择还应根据各自的兴趣为主。

2. "读",即对字进行观察、揣摩。"读"字离不开老师的悉心指导,但重要的是"授之以法",使学生能对字的造型予以初步的观察、分析、领会。可用"整体—部分—整体"的顺序去"读",首先对字要有一个总的印象,是长是扁,是大是小,然后由整体到部分,分析字的偏旁结构以及整体字的结构(如汉隶是扁平结构,取横向势;篆书是上下细长结构,取纵向势)。笔顺笔画的长短、粗细,乃至每个笔画起、运、收笔的占格位置或角度;最后重新发现字的突出特点或容易偏差的地方,真正做到"目视,指划,心记"。

3. "摹",即印字,用透明程度较好的白纸覆盖在范字或字模上仔细描写,好比手把手教字,摹写的字型与所用的田字格或毛笔练习用的米字格相配套,大小相合,力求学生做到一丝不苟,沉心静气,求质求量,手摹心记。

4. "临",即对照着去写,应包括对临和背临两个步骤。对临,这里有一个转变的过程,即由帖上的字通过自己的眼、手、心,努力接近帖上的字,但只有在"读全、读准、读熟"并有一定时间摹写训练的基础上,写得才越像,效果才越好,掌握得才越快。"临"时应注意做到:临与写的大小相当,先整体后部分;自查自纠,对比校正,养成习惯。毛笔字则需严要求,宁精勿滥,点画应准确精到,结构合理得体,进行反复性训练,方式方法力求灵活,并做到因材施教,以大面积提高学生的书写能力为主,也要突出对领会接受较快、感受力较为敏锐的学生的重点培养。

5. "评",是检查写字效果的重要一环,包括教师对学生和学生与学生之间的评、议、改,教师可让学生到黑板上去写,面对全体同学进行评点,指出得失,示范正确写法,做到以点带面;也可以在投影上书写,学生先看后写,而后师生共同评议,让学生能积极地思考、热情地参与,并鼓励学生大胆发言,各抒己见,做到活学活用。对当堂或课后的练习作业教师可用朱笔对写得好的字进行圈勾,这样既是对学生的鼓励,也可以对掌握正确写法的字一目了然。

6. "创",即运用所学进行创作,活学活用,达到一定要求,并非出奇创新,形成自己风格。毛笔字可进行少字数"集字式"创作,其中有的字可直接从帖上拿来用,没有的可用相关笔画进行组合。多一些鼓励表扬,使学生有成就感,从而增强写好字的信心。

【课程评价】

本课程主要采用过程性评价、结果性评价和综合性评价。通过三个环节的评价过程,了解学生对中国汉字的源流演变和文房四宝的文化及正确的握笔、站立姿势掌握情况,以及熟练字帖内容、完成简单书法创作等情况,培养学生书法学习能力与感知力,提高书法认识,增强人文素养。利用家校互助网络平台,让家长关注孩子的选修课。学生在学习过程中体验学习乐趣与成就感,使学生受到潜移默化的熏陶和感染,增强学生的民族自豪感,培养学生的爱国主义情操。

1. 过程性评价

任课老师每月对阶段性学习进行过程性评价,采取自评、互评(学生)和点评(老师、家长)相结合,了解基础知识掌握和创意互评等情况,给予分值评价,有附加分奖励(可对表现突出的学生给予附加分奖励,教师自行把握分值)。具体如下表:

"海韵书法"课程评价表

评价指标	分值	评价			
	100	自评 (20%)	互评 (20%)	教师评 (30%)	家长评 (30%)
学生认识书法的流程和意义	20				
学生能掌握规范的书写姿势及卫生习惯	20				

评价指标	分值	评价			
	100	自评 (20%)	互评 (20%)	教师评 (30%)	家长评 (30%)
学生掌握基本笔画和常见偏旁的书写方法,逐渐培养学生独立观察汉字结构、读帖、描红的能力	30				
学生能掌握基本的创作形式及方法	30				
总评					

说明:1. 学生自评。要求学生先用心地观察书上范字,然后对照临写 3 个,找出写得最接近字帖上的字并用铅笔在字下面画上"☆"。若没有再写 2—3 个,并在这几个字中重新找出最好的一个画上圈。2. 同学互评。引导同桌对照书写要领,回顾老师讲解的重点,从字的整洁、美观角度对字进行评价;或是水平相当的同学比赛,相互评价。3. 教师点评。最常用口头评价主要是评价学生的执笔姿势和书写姿势。一般面批学生练习或作品,指出主要问题,进行范写。对写得好的字圈出来,以此激发学生写字的兴趣。在批改时特别关注学生的自评,如果认为学生自评正确,老师在旁边再画"★",每颗"★"可以得到一个写字标志,累积到 10 个标志,就可以得到一张"小小书法家"喜报。4. 家长评价:要求学生带临习或创作的作品回家,家长把写得好的字也圈起来,并把作品收藏起来,一学期结束后把所有的作业集中摆开,让学生对比自己的进步,增强学生的自信心。

2. 结果性评价

期末进行学习考核,通过临摹、创作两个方面结合,以作品完成和创意实践过程为主,累计分值评价,如:临摹 30%、创作 40%、学习过程 30%(创作和学习过程两项可根据课程评价表获得个人得分),最后合计为总分,评出积分高的学生给予奖励。

3. 综合性评价

一个学期结束,教师根据学生整个学期学习情况集中考核,结合出勤率(每节课前由负责考勤的学生登记出勤率,出勤一次算 2 分)、根据评价结果的等级,给学生颁发对应的奖励及表扬信。例如:学生如完成临习和基本创作的作品都是优秀,则颁发"小小书法家"称号。学生的积极性与兴趣十分高涨,评价结果也对学生当节课的表现与参与度进行了总结,使得学生在下节课的学习中改善自己不好的地方。

(课程开发者:丁兰海)

课程 5-3

童趣纸版画

　　版画作为一种绘画方式多样的艺术,不仅能引领学生步入艺术殿堂创造生活之美,更能启迪与净化学生的心灵。童趣纸版画运用多种有趣的制作方法,引导学生运用感官去感受和体验生活之美,在创造美的过程中获得乐趣和成长。

【课程背景】

　　"童趣纸版画"课程是义务教育阶段小学版画课程的补充。《中小学版画课程标准》要求绘画中应蕴含学生的思想活动,可以通过学生绘画作品中的颜色、象征物、空间位置构成,解读学生的心理状况、兴趣和特长。开设"童趣纸版画"课程,能更好地促进学生身心发展。

　　"童趣纸版画"课程有利于学生智力的开发,情感、态度、价值观的培养。从儿童发展心理学角度看,少年儿童正处于世界观、人生观、价值观形成时期,版画制作对于学生智力的开发和情感、态度、价值观的培养不容忽视,且在全面构建社会主义和谐美的今天尤为重要。版画作为一种教育工具,它以造就富有创造力的身心健康的人为目标,让学生运用感官去感受和体验生活,在实践操作中获得乐趣和成长,为培养创新型人才和实现美育打好坚实基础,培养更多德智体美劳全面发展的学生。

　　"童趣纸版画"课程体现了学校的课程理念。培育"向着梦想远航"的课程理念,培养具有"爱心、聪慧、志趣、阳光"品质的启航娃是我校的育人目标。版画作为一种绘画方式多样的艺术门类进入校本课程,不仅可以引导学生步入丰富多彩的艺术殿堂创造生活之美,更能启迪与净化学生心灵,从而使他们获得美的熏陶,且让有特长的学生更能爱上纸版画,成为一名聪慧的启航娃。同时,通过学习纸版画制作,了解纸版画的艺术魅力,培育优美的纸质肌理和自然情趣,可以制作出各种不同形式趣味的版画作品,美化生活环境。

【课程目标】

1. 知识和技能目标:让学生了解版画是一种间接艺术,是绘画和印刷工艺相结合的艺术形式;了解各种纸版画的特点,奠定鉴赏基础。

2. 过程与方法目标:通过动手、动眼、动嘴、动脑等多种感官活动,让学生自主探究获取知识,发挥学生学习版画的主观能动性;引导学生掌握纸版画的画稿、制版、印刷三个步骤,控制色扑拍印效果,体验纸版画的薄印、厚印、叠印、渐变的色彩和质感;感受各种纸版画的凹凸刻印性能及特点,体验版画的制作方法,以及过滤纸、高丽纸和厚宣传纸等纸张的选用。

3. 情感态度与价值观目标:培养学生敢于大胆创新的创造性意识和创造性思维,使学生感悟版画独特的艺术美,愿意参与版画的创作,培养学生设计制作的热情,体会热爱生活、反映生活的美好情感。

【课程内容】

本课程以"艺术来源于生活,感受版画的乐趣"为主题。课程内容安排以循序渐进为原则探求艺术美。本课程内容从三个层面展开:一是发现美。漏印版画色彩鲜艳,形象逼真,材料便宜,深受儿童喜爱。根据年龄特点,在二年级以初步了解与体验为主,了解认识漏印纸版画,对其产生兴趣,学习纸板镂刻的方法,掌握用镂刻方法制作版画的技法。二是体验美。版画种类较多,有木刻版画、石版画、铅版画、丝网版画等,由于使用的工具、材料、技法繁多,复杂而危险,要求较高,儿童不易掌握,所以儿童版画教学历来是一个难点。而吹塑纸版画取材容易，使用方便，价格便宜，制作简便，无危险性，制作周期短，见效快，在技法上要求不高，便于学生掌握。三是创作美。四年级以主题创作实践为主，体验创新过程，制作成品，体验学习快乐，感悟创作的乐趣，培养学生自主创作、设计制作的热情和热爱生活、反映生活的美好情感。它运用剪、刻、撕、拼、印、贴的方法，表现出稚朴、拙实、简练、斑驳的印痕之美。这一艺术的创作过程，培养了学生的学习条理性，同时也有利于学生意志力、创新能力的培养和发展。

具体课程内容分为三大模块：

（一）漏网纸版画语言和基本工具材料使用体验阶段

漏网纸版画语言和基本工具材料使用体验阶段适用于二年级学生，每个学期安排 34 课时，具体内容如下：

1. 二年级上学期：学习漏网版画语言和基本材料工具的使用方法。通过剪、贴、拼的版画技法，实际操作，掌握漏印工具和材料的使用，其方法就像民间艺人镂刻印字一样。

2. 二年级下学期：学习掌握纸版画的不同材料特点。主要了解民间剪纸艺术与纸版画相同之处，可以通过剪、贴、拼等方式组合；实际操作剪纸版画的创作工具材料进行创作学习。

（二）单色纸版画语言和不同材料使用设计巩固创新阶段

单色纸版画语言和不同材料使用设计巩固创新阶段适用于三年级学生，每个学期安排 34 课时，具体内容如下：

1. 三年级上学期：学习 KT 板版画基本语言和不同材料的使用。学习了解民间的雕刻艺术，运用点、线、面的知识进行版面设计，实际操作材料工具进行创新设计。

2. 三年级下学期：学习单色纸版画语言及其创新设计意图。学习纸版画的来源与其他绘画的不同之处，学习运用刀和笔等工具进行创意构思、合理设计、画面整理。

（三）树脂板版画语言、板材制作和刻板拓印方法创新实践阶段

树脂板版画语言和构思设计制作板材的选择和刻板拓印方法创新

实践阶段适用于四年级学生,每个学期安排34课时,具体内容如下:

1. 四年级上学期:学习树脂板版画语言和板材的制作使用方法。学习使用单色树脂板版画的基本制作方法和技巧进行基本艺术表现实践,了解版画凹凸版的基本肌理效果,体现出创意构思、设计、整理的画面。

2. 四年级下学期:学习方形针刻板和针刻笔的使用方法。学习版画材料针刻版的使用,掌握版画针刻笔和版画工具凹凸版的使用技巧与技能,创新组合完善作品,并展示和总结。

整个课程内容的编排,使学生在制作的过程中创新意识和实践能力得到充分培养,尊重学生年级阶段发展的规律,结合手脑运用能力的培养,增强学习兴趣,提高学生的创新意识和创造能力。

【课程实施】

本课程为二至四年级的选修课,每周2课时,共需34课时,每课时40分钟,以一学年为一个教学周期。课程材料和教具准备为多媒体、课件、微课以及剪刀、卡纸、刻刀等美术版画制作材料。参与人数以30人为宜。本课程使用原创自编讲义,多媒体课件、教师范例等多种教学资源。以校本课程形式教学,执教老师自行安排任课,教师根据教学内容灵活构建教学细则,根据实际情况调整教学进度,灵活把握内容的实施,分为低、中、高三个阶段开展教学。具体实施如下:

(一)低段为初步学习和体验为主

1. 学习漏印纸板画,掌握制版和拓印的技巧,学习简单的剪纸版画,体会不同剪贴的技法呈现的不同肌理效果,感受其特有的凹凸美感,学习用水粉印技法拓印纸版画的技巧。

2. 在初级阶级学习的基础上,通过学习撕贴、揉纸等纸版制作方法,了解每种方法产生的不同效果,感受纸版画的特殊性。

3. 学习运用一些综合材料(如布、线、树叶以及不同材质的纸张等)完成综合纸版画作品,了解各种材料的使用方法和效果,能发挥学生创造性和自主性，能自主创作一些有肌理美感的作品。

（二）中段为巩固练习和创意为主

1. 学习色彩知识，培养学生创作时能有意识地考虑物体色彩的丰富性和变化规律。学习调色、用色、用笔等基本粉印拓印技巧，感受版画特有的色彩美。学习吹塑纸版画创作技巧，感受黑、白、灰的形式美感。

2. 掌握油印、粉印版画的制作过程、创作技巧。启发学生发挥创新思维，综合运用所学技能，发现并开发不同材质、表现手段，找到适合自己的方法，创作出自己较满意的作品。

3. 引导创新点、线、面的组合，结合生活实际感受版画艺术多姿多彩的魅力，学生在作品赏评中提高与进步。

（三）高段为创新和实践为主

1. 以树脂板版画、木刻版画教学为主，学习分版套色纸版画，并穿插多种材质制作的比较复杂的纸版画。主要针对社团成员中基础扎实、能自主创作的高年级美术特长生实施。

2. 学生互动交流与探讨，教师引导与提点，融入自主探究学习理念，提高学习主动性，作品赏评、小结、反思、感悟，在创作中体验学习乐趣。

常用的几种小技法：

1. 单色平涂法：在制好的版上用毛笔或板刷刷单一的水粉色，我们称它为单色平涂法。比较适合初学粉印吹塑纸版画的同学进行练习。

2. 分色平涂法：有了单色平涂法的基础后，就可以练习分色平涂法。分色平涂法是指把几种颜色分别涂在画面各部分来印画的方法。特点是色彩丰富、漂亮、有一定的感染力。

3. 深色变化法：深浅色变化法，是指一种颜色和另一种颜色经过调配产生变化，涂在吹塑纸版上来印画的方法。这种方法适合表现大面积的画面。

涂色时应注意：

在使用黑色卡纸时，色彩要艳丽，褐色、普兰、深绿、深红等尽量少用，在使用深色时要适当地添加些白色、柠檬黄等颜料，让色彩和黑色卡纸对比强烈醒目。涂色时，水分要掌握好，太干了印不上，太湿了颜色太薄能看到黑色的纸版,整个画面会一塌糊涂。涂色要一边涂一边印,否则,时间长颜料干了就会印不到纸版上。印画纸和制好的吹塑纸版一定要用两个夹子夹牢固,以免窜位。一幅画没印完之前不要将印纸拿下来。掌握了这些技巧你可以很简单地作出漂亮的吹塑纸版画。

【课程评价】

本课程主要采用过程性评价、结果性评价和综合性评价。通过三个环节的评价过程,了解学生掌握纸版画的基本知识、掌握技巧与技能技法、创新和艺术欣赏评价等情况。同时,通过评价注重培养学生的兴趣和大胆想象力,培养学生的创新意识,注重保护学生的独特个性,给学生自由发挥的空间,营造轻松愉快的学习气氛。让学生通过自评、互评的形式提高学生的学习兴趣,教师评价则给学生更加专业的建议,家长评价能让家长充分了解孩子的个性特长,给孩子提供成长空间和合理期望。从不同的方面对学生进行评价,显现出学生的个性特点,在提高学生学习兴趣的同时也对学生的课堂行为等方面进行了约束,使知识学习与习惯培养同步进行。

1. 过程性评价

任课老师每月对阶段性学习进行过程性评价,采取自评、互评(学生)、点评(老师、家长)相结合,了解基础知识掌握和创意互评等情况,给予分值评价,有附加分奖励(可对表现突出的学生给予附加分奖励,教师自行把握分值)。具体如下表:

"童趣纸版画"课程评价表

评价指标	分值	评价				
		自我评价	学生互评	家长评价	教师评价	附加分
是否掌握纸版画的各种基本制作方法和步骤	30					

评价指标	分值	评价				
		自我 评价	学生 互评	家长 评价	教师 评价	附加分
是否掌握纸版画的剪、贴、印的 基本技巧	30					
能否了解纸版画的绘画特点	20					
是否有抽象思维能力、形象概括 能力	20					
总评						

2. 结果性评价

期末进行学习考核，通过制作和学习过程两个方面结合，以作品完成和创意实践过程为主，累计分值评价，如：笔试 30％、制作 40％、学习过程 30％（制作和学习过程两项可根据课程评价表获得个人得分），最后合计为总分，评出积分高的学生给予奖励。

3. 综合性评价

一个学期结束，教师根据学生整个学期学习情况集中考核，结合出勤率（每节课前由负责考勤的学生登记出勤率，出勤一次算 2 分）、根据评价结果的等级，给学生颁发对应的奖励及表扬信。例如：每幅作品完成都是优秀的，颁发"版画小达人"的称号，学生的积极性与兴趣十分高涨。评价结果也对学生当节课的表现与参与度进行了总结，使得学生在下节课的学习中改善自己不好的地方。

（课程开发者：王甲海）

海韵合唱团

海之韵,乐之律。体验合唱之美,品味天籁之韵,享受和谐之乐。用美妙的歌声唱响生活之美好,让优美的旋律沁入心田,向真、向善、向美。

【课程背景】

"海韵合唱团"课程是义务教育阶段音乐课程的补充。《义务教育音乐课程标准(2011 年版)》对三至六年级学生演唱方面提出以下要求:能够用正确的演唱姿势和呼吸方法唱歌,培养良好的唱歌习惯;能够用自然的声音、准确的节奏和音调,有表情地独唱或参与齐唱、轮唱、合唱,并能对指挥动作做出恰当的反应。"海韵合唱团"就是根据义务教育阶段音乐课程标准为我校三至六年级学生开设的课程。

"海韵合唱团"课程为具有演唱特长的学生提供展示舞台。"海韵合唱团"是结合我校音乐教学"致力培养良好演唱习惯,感受音乐美之魅力"的教学方向和发挥我校海洋文化特点而开设的课程,其目的在于为具有演唱特长的学生提供展示舞台,同时加强学生集体演唱能力,提高歌唱技术的创新能力。

"海韵合唱团"课程体现学校课程理念。培养具有"爱心、聪慧、志趣、阳光"品质的启航娃是我校启航教育课程理念。合唱作为一种集体演唱多声部声乐作品的艺术门类进入校本课程,不仅引导学生步入丰富多彩的音乐世界中,启迪、净化其心灵,还使学生获得美的熏陶,爱上合唱艺术,成为一名聪慧的启航娃。同时,通过合唱训练,潜移默化地培养学生的团队意识与相互包容精神,并努力通过音乐知识与歌唱技巧的训练陶冶情操,体验真、善、美,向着梦想远航。

【课程目标】

1. 知识与技能目标:引导学生巩固音乐基本要素,如音色、调式、和声等基础知识;以正确的音色观念为依托,在良好、正确的发声状态下,学会用自然而正确的声音歌唱,调控自己的发声,做到与整体歌声和谐统一、融为一体,达到"合"的境界。

2. 过程与方法目标:通过聆听,以合作探究的方式,讨论与分享合唱团"合"之魅力;在体验和实践中,寻找准确、美的声音,创造合唱团"合"之美。

3. 情感态度价值观目标:在合唱训练中,增强团员合作意识;以合唱作品体验为审美情趣,以基本技能体现综合素养,发挥合唱的美育功能,以艺术的感染力促进学生艺术修养的不断提高,体验音乐的真、善、美。

【课程内容】

"海韵合唱团"通过科学系统、循序渐进的训练过程,将知识性、技巧性、审美性与趣味性相结合。根据合唱团的特殊性,课程内容不分年级进行集体训练,一学年为一个教学周期,以"赏析""演唱""展示"三个板块循环进行:

1. 赏析。赏析是感受合唱美的重要途径之一。一首合唱歌曲包含着众多的音乐要素,团员通过鉴赏了解中外合唱作品的创作背景、聆听和声美、感受音乐要素构建的音乐之美,明白什么是美的声音,达到追求美的声音、创造和谐美的声音意境。

2. 演唱。演唱对歌唱姿势、口型、共鸣、音准、咬字吐字、节奏都有严格要求,而且统一、和谐、具有艺术表现力的声音,也是合唱综合素质的体现。只有这些元素完美的结合，才能发挥合唱艺术的感染力与魅力，创造美的音乐。

　　由于合唱训练对演唱技巧有严格的要求，所以演唱板块分为"海风吹拂"（发声练习）和"海纳百川"（歌曲练习）两个板块。"海风轻拂"体现了海风、海浪、螺号等海洋元素，例如：运用闭口音 m 表示轻柔的海风吹拂，要求以较弱、连贯、较慢速度完成声音练习，创设情境，激发学生兴趣，引导学生使用统一协调的音色发声。童声合唱作品众多，风格各异，犹如大海"海纳百川"，练习曲目主要是根据学生实际的音域、音色等进行选择。

"海韵合唱团"演唱板块内容安排

学期	内容		课时
	海风轻拂（发声练习）	海纳百川（歌曲练习）	
上学期	闭口音 m（单声部）：连音；慢速；弱	单声部齐唱（强调声音统一）	8
	闭口音 m 为主开口音 u 相辅（单声部→二声部）：连音；慢速→中速；弱、强	单声部齐唱 二声部合唱（声音统一、和谐）	22
下学期	闭口音 m，开口音 u\a（二声部、三声部）：连音、断音；慢速、中速；弱、强	二声部合唱 轮唱	8
	闭口音 m，开口音 u\a（二声部、三声部、四声部）：连音、断音；慢速、中速；弱、强、渐强、渐弱	二声部合唱 三声部合唱 四声部合唱	22

　　3. 展示。合唱是一种艺术教育，艺术教育本身也是一种素质教育。结合我校实际，充分利用校艺术周和市、区各类艺术活动，让学生多参与舞台表演展示，这样不仅是对阶段性学习成果的一种肯定，更可以培养团员的意志力、自信心和增强荣誉感，潜移默化地影响或改变团员的身心，让团员的心灵更加具有灵性和想象力。

【课程实施】

本课程为三至五年级学生的选修课,每周 2 课时,每课时 120 分钟,一学年为一个教学周期。教学场地设在音乐教室,配备有多媒体教学设备和钢琴。教师根据每课时的安排准备讲义,并为学生准备乐谱,参与人数为 40 人左右。对合唱有兴趣且自身声音条件较好的三至五年级学生均可报名,经过考核遴选后确定最终人员。教师根据教学内容灵活构建教学细则,根据实际情况调整教学进度,灵活把握内容的实施,采用"以趣促进、循序渐进"的学习策略进行课程实施。具体实施如下:

1. "选",即遴选学生并划分声部。以音准、音色、音域、节奏感、识谱四个方面挑选合唱队员。合唱队员的挑选有利于提高合唱队的排练效率,有利于合唱队的稳定性。

2. "赏",即鉴赏优秀合唱作品。在教师的引导中与学生相互讨论与分享歌曲所要表达的情境、情感与思想等,以趣促进。

3. "析",即分析作品。教师简要分析作品的创作背景、音乐形象、音乐结构等,明确训练的目标和任务。

4. "练",即歌唱练习。在上身平直、双肩放松、积极而兴奋的状态中以"分""合""细化"三步进行歌唱训练。"分",分声部视唱乐谱,解决音准、节奏等问题;"合",声部合作,平衡声部之间的关系;"细化",细化处理歌曲,如旋律的走向、力度的处理,从而塑造生动的艺术形象。

【课程评价】

本课程主要采用过程性评价、结果性评价和综合性评价。通过三个环节的评价过程,了解学生对演唱技能的掌握程度、演唱表达能力和对歌曲的欣赏能力等情况,培养学生的音乐学习能力与音乐感知力,提高音乐欣赏力。同时利用家校互助网络平台,让家长关注孩子的选修课,给孩子提供成长条件,让学生在学习过程中体验学习快乐与成就感,激发学习积极性和参与性,树立积极乐观的生活态度,激发热爱生活热爱音乐的艺术情怀。

1. 过程性评价

教师每月开展一次过程性评价,采用自评和他评(家长、教师、同学)相结合,总评分前 10 名的同学,评为"海韵月之星",个人积分每次加 5 分。

"海韵月之星"评价表

姓名: 日期: 年 月

评价指标	分值	评价			
		自评	家长评价	小组评价	教师评价
用正确的状态、声音进行演唱	20				
能准确表现音乐形象	20				
能准确表述歌曲的情绪	20				
能自信、大方地参与展示表演	20				
积极参与合唱训练	20				
总评					
月总分					

2. 结果性评价

学期末,通过视谱、小组作品演唱两方面进行现场考核。教师通过学生的展示对学生进行评价(视谱 30%,演唱 70%),评价结果分优秀(90—100 分)、良好(80—90 分)、及格(60—80 分)三个等级。根据评分等级,分别获得积分 15 分、10 分、5 分。

3. 综合性评价

学期结束时,教师根据学生的出勤率(每节课登记学生的出勤率,出勤一次算 2 分)、"海韵月之星"、期末考核等级三项综合评分结果,给总评分前 10 名学生颁发"海韵小百灵"奖状。

(课程开发者:马春玲)

课程
5-5

海韵舞蹈

美轮美奂的舞步,点播着美的种子。优美的旋律,灵动的脚步,舒展的舞姿,展示着不同的民族风格、时代气息和民族文化艺术的魅力,抒发美的情怀。

【课程背景】

"海韵舞蹈"课程是义务教育阶段音乐课程的补充。《义务教育音乐课程标准(2011 年版)》明确提出,"音乐课程理念要突出音乐特点,关注学科综合,通过具体的音乐材料构建起与舞蹈等其他艺术门类的有机联系,拓展学生艺术视野,深化学生对音乐艺术的理解。""海韵舞蹈"就是结合当代小学生年龄、心理及生理的要求和特点所开设的一门舞蹈课程。通过舞蹈这一审美媒介,陶冶学生音乐情操,提升学生精神境界和舞蹈艺术修养,培养学生想象力和创造力,进而提高学生的综合素质。

"海韵舞蹈"课程有效解决当下学生普遍存在的形体问题乃至心理疾患问题。小学阶段的学生正处于生长发育期,舞蹈训练的运动量属于中度,对他们身体的发育有非常良好的促进作用。如今学生由于学业重、功课繁多、社会实践活动少而造成学生"驼背"、"抠胸"、"端肩"等不良姿势颇多。这一时期由于学生身心变化比较快,加之文化知识及社会经验的不足,学生很容易产生不健康的心理,从而导致心理问题或心理疾病。舞蹈是快乐的艺术,通过学习舞蹈,不仅可以有效地提高学生身体各部分的协调性和灵活性,纠正学生的不良姿势,舞蹈训练还可以让学生之间得到心灵沟通和感情交流,产生群体意识。经过舞蹈训练的学生,能展示其活泼、开朗气质,同时舞蹈也可以开阔眼界,增强学生的自信心。

"海韵舞蹈"课程体现学校课程理念。培养具有"爱心、聪慧、志趣、阳光"品质的启航娃是我校启航教育课程理念。"海韵舞蹈"不仅体现我校"向梦想远航"的启航教育理念,而且结合我校实际情况,充分发挥南海之滨的地理优势和海洋文化的办学特色,秉承"与舞同行,与舞为伴"的课程理念,面向全体学生,鼓励每个学生积极参与,通过各种形式的舞蹈学习,提高学生的表演水平,发挥表演潜能,增强自信心;通过传承和弘扬优秀传统文化和美学精神,让学生充分了解体验本地的民族特色和乡土人情,丰富知识储备,开阔眼界。在舞蹈美的陶冶下,能够树立起良好的民族意识和责任感,在学习过程中发现自然美、生活美、心灵美,全面提高学生的综合素质。

【课程目标】

1. 知识和技能目标:了解舞蹈是人体动作的艺术,是一种直观性、表演性很强的艺术形式;掌握舞蹈的基本知识和舞台表演规则,同时掌握站姿、手型、芭蕾手位、勾绷脚、劈叉等舞蹈基本动作和基本功要领;学会用肢体语言表达自己的体验感受和不同风格的舞蹈组合,在提高表演能力的同时锻炼自身肌肉素质与灵活度,拥有优美的形体。

2. 过程和方法目标:通过音乐与舞蹈动作的和谐达成动作协调性的训练,培养学生的节奏感,提高学生学习舞蹈的兴趣;在主动参与、乐于探究中,敢于改编、创编舞蹈作品,促进学生智力发展,主动获取知识,体验舞蹈学习的快乐;通过学习实践活动培养学生的表演能力,激发想象力、创造力,潜移默化地接受艺术表演的熏陶。

3. 情感态度和价值观目标:增强学生学习舞蹈的自信心,培养不怕吃苦的精神,磨炼坚强意志;在集体活动中学会恰当地表现自己、与人合作,逐步形成合作意识和团队精神。

【课程内容】

"海韵舞蹈"课程在每个年级的每一学期都开设"基本功训练"、"儿童舞蹈"、"民族民间舞"三个主题板块。主题板块分别体现以下内容：一是通过基本功训练,如站、坐姿、地面练习等形体训练,让学生克服不良形态的习惯,训练出良好的体态。在舞蹈的熏陶中受到美的教育,陶冶高尚情操,启发学生的空间想象和创造力。二是把舞蹈练习中身体部位的动作融入具有代表性民族风俗的形式或文化内涵等形象中,如维吾尔族舞蹈中的拔背、立腰、提臀；藏族舞蹈中的含胸、垂臂、前倾、懈胯,将舞蹈的知识性、训练性和娱乐性结合起来,实现"乐舞一体"。三是学生在提高基本能力的同时提高表现舞蹈和创造舞蹈的能力,如高年级的学生能够通过聆听《万泉河水清又清》的旋律,恰当表现出符合音乐形象的舞蹈片段,并能够在合作交流中提高舞蹈文化修养和审美能力。

课程内容分为三大模块,每个主题板块根据年龄段划分为初级(1—2年级)、中级(3—4年级)、高级(5年级),板块内容和要求螺旋上升,具体体现以下内容：

(一) 基本功训练

1. 初级：了解芭蕾和中国古典舞站立姿势、空间方位等基本常识,掌握芭蕾和中国古典舞的基本手形、基本手位和脚位及舞姿。

安排 20 课时为宜。

2. 中级：形体训练,开发学生的动作语汇潜能,挖掘学生的身体表现力。

安排 20 课时为宜。

3. 高级：学习吸、踢、踏、点、踮、蹉、并等节奏步态,熟悉和掌握复杂的人体动作。

安排 10 课时为宜。

（二）儿童舞蹈

1. 初级：以律动学习为主。学生运用身体各个部分：头、臂、手、腿、脚趾、腰等，以及由走、跑、跳、跃、飞、滑等组成的各种简易的步法，配合音乐进行律动。

安排 20 课时为宜。

2. 中级：以歌曲表演学习为主。学生在歌曲表演中能够快速用最简单的动作、姿态、表情边唱边表演地表达歌词的内容和音乐形象。

安排 20 课时为宜。

3. 高级：以集体舞学习为主。选择节奏鲜明、旋律优美的音乐，练习圈舞、对舞、方舞和列舞等。

安排 10 课时为宜。

（三）民族民间舞

1. 低级：利用手绢、扇子、伞等道具，学习"秧歌"的"扭、摆、走"等动作。

安排 24 课时为宜。

2. 中级：学习维吾尔族和藏族舞蹈，掌握维吾尔族舞蹈中的"移颈"、"打指"、"翻腕"，藏族舞蹈中的"拖步"、"点步慢转"等动作。

安排 24 课时为宜。

3. 高级：学习中外著名民间舞蹈，如中国民间舞蹈《雀之灵》、印度民间舞（扭腰、出胯、十指交叉）、西班牙舞蹈（"弗拉门戈"和"斗牛"）。欣赏中外优秀舞蹈作品，如中国古典舞《秦俑魂》、俄罗斯古典芭蕾《天鹅湖》。

安排 12 课时为宜。

【课程实施】

本课程为一至五年级学生的选修课，每周 1 课时，共需 32 课时，每课时 40 分钟，以一学年为一个教学周期。教学场地在学校舞蹈教室。教室里配备有多媒体教学设备和舞蹈道具。参与人数 30 人左右，根据训练情况可适当增减。

（一）课前准备

1. 舞蹈教室

舞蹈教室要保持明亮、通风。基本功训练、表演舞蹈等需要音响播放音乐；舞蹈欣赏时需要多媒体教学设备的支持。

2. 师生位置

教师可根据不同舞种的教学，安排学生的上课队形。基本功训练类的舞蹈课，如把上练习，学生在把杆上进行，教师站在教室中央；把下练习时，学生正对镜子分布在教室里，教师站在最前方。舞蹈教学时学生可围成圆圈，教师站在圈内，这样教师可以看得到每一个学生的动作和表情，学生也会因没有前、后、中、偏的位置之分，而感到教师对他们的公平、公正。

（二）课堂教学

1. 教授动作

教师首先要正确示范动作，其次要用生动、简练、易懂的语言向学生讲解动作规格和要领，说明动作形态和用力方法。学生要先从单纯的动作模仿开始，然后再注意到身体的变化，从而体验动作的感觉。如小鸟飞翔的动作，学生要模仿手臂是如何摆动，脚下是如何移动。通过教师提出要求，学生再次注意美感，有感情地表演小鸟飞的舞蹈动作。通过循序渐进的练习，学生能够逐步提高动作的质量，继而上升到精美的程度。

2. 纠正动作

教师纠正动作时要及时找到动作错误的根源，要用精炼易懂的语言把动作纠正过来。如基本动作训练时要求学生"劈叉"，应注意做到：学生大腿贴地面的同时还要求脚背绷直，腿部肌肉充分延伸。教师纠正动作时可找出具有典型错误特征的学生进行纠正，引起全体学生对该错误的注意，学生需要从中吸取教训，可通过一对一指导、伙伴互助、小组互纠等方式去纠正自己动作的差错。

3. 展示动作

学生展示舞蹈动作，是反映自身对已学的舞蹈单词、舞蹈单元的认识情况。教师可让学生以小组的形式上台展示，而后师生共同评议。教师要鼓励学生大胆参与，勇于表现。对于动作还达不到要求的学生，教师不需要着急着纠正动作，而应是面带微笑表示鼓励，以此增强学生学习训练的勇气。

（三）课外辅导

1. 教师课后可对课堂上接受能力较差的学生进行辅导，并要求晚上睡前以录视频的形式进行回课，由家长监督。

2. 安排学生到其他年级观摩，学习他人的优点，以点带面，促进整体学习的进步。

3. 组织学生观摩儿童舞蹈演出、比赛并发表观后感，扩大学生眼界，增长知识。

【课程评价】

本课程主要采用过程性评价、结果性评价和综合性评价。通过三个环节的评价过程，了解学生对舞蹈的掌握、表达、编创和对艺术欣赏评价等情况。同时，通过评价注重培养学生的艺术学习能力、形象思维能力与感知能力，提高艺术欣赏能力。利用家校互助网络平台，让家长关注孩子的选修课，给孩子的成长提供条件。学生在学习过程中发挥主体作用，体验学习快乐与成就感，树立积极乐观的生活态度，养成良好的道德意识和意志品质，增强民族自信心，激发民族自豪感。

1. 过程性评价

教师每月开展一次过程性评价，采用自评和他评（家长、教师、同学）相结合，总评分前 20 名的同学，评为"海韵舞蹈月星"。个人积分每次加5 分。

"海韵舞蹈月星"评价表

评价指标	分值	评价			
		自评 (20%)	家长评价 (20%)	小组评价 (30%)	教师评价 (30%)
能够保持优美姿态,乐于参与舞蹈表现	20				
正确认识不同舞蹈风格的基本舞步,并能稳定合着节奏做出动作	30				
在聆听音乐时准确完成舞蹈表演并能够正确表现音乐形象	30				
欣赏水平:播放视频中的舞蹈节目,能准确说出舞蹈的情绪	20				
总评					

2. 结果性评价

学期末,教师对学生进行集中考核,根据出勤率(每节课前由负责考勤的学生负责登记出勤率,出勤一次算 2 分)、学习态度(由小组成员根据个人平时学习的表现打分,满分 10 分)、舞蹈技能(教师现场对学生所学的舞蹈技能评定,满分 100 分)三部分打分合成,分数前 15 名同学评为"海韵舞蹈季星"。个人积分加 20 分。

3. 综合性评价

一个学期结束,教师根据学生整个学期"海韵舞蹈月星"和"海韵舞蹈季星"的积分情况评选出排名前 10 位的学生为"海韵小小舞蹈家",并颁发奖状。

(课程开发者:赵丽艳)

课程 5-6

跃动竹竿舞

竹木叮咚传民族之音，脚步笃达洒愉悦心声。富有活力的竹竿舞，把民族风情引入学校教育，在传承地方民族舞蹈中让学生获得别样的知识、体验与情感。

【课程背景】

"跃动竹竿舞"课程是义务教育阶段舞蹈课程的补充。《中小学舞蹈课程标准》要求，"通过舞蹈动作的训练，培养身体的协调能力，增强敏捷的反应能力，灵活的适应能力，动作的控制能力和平衡能力，增强身体肌肉力量及脊柱、腕关节、膝关节、踝关节和肩关节的柔韧性"。本课程是针对小学生的身体机能和动作协调性而专门开设的校本课程。小学生正处于舞蹈教育重要阶段，舞蹈有利于学生的智力发展，有利于道德品质的形成，有利于身体素质的增强，有利于审美观的培养。

"跃动竹竿舞"课程是传承地方民族舞蹈的一种形式。打柴舞，黎语曰"转刹"，是地方历史悠久的民俗文化。由于舞蹈用具多为竹竿，故又名"竹竿舞"。竹竿舞是海南颇具代表性的民族舞蹈，它具有集体性、个体性、健身性和娱乐性等特点，节奏明快，动作简单，易学易跳，深受人们的喜爱。我校始终致力于开展乡土文化教育，竹竿舞进入校本课程，不仅丰富校园生活，还活跃校园文化氛围，更增添学校美韵，且有利于学生身心发展和班级团结和谐。"跃动竹竿舞"课程不仅培养学生的合作精神，还培养学生舞蹈动作的协调性，有利于进一步激发小学生的舞蹈感受与表演欲望,并能更好地传承地方民族舞蹈。

　　"跃动竹竿舞"课程体现了学校"向着梦想远航"的课程理念。培养具有"爱心、聪慧、志趣、阳光"品质的启航娃是我校的育人目标。我校五年级学生平均身高约150cm,体重约42kg,身体有一定的协调能力、反应能力和适应能力,动作的控制能力和平衡能力在不断发展,大部分学生有力量挪移和打动竹竿。为此,在五年级开设"跃动竹竿舞"校本课程,旨在通过一学期竹竿舞的学习,培养学生的合作精神,培养学生舞蹈动作的协调性,激发学生的舞蹈感受与表演欲望,促进学生个性特长的发展。

【课程目标】

　　1. 知识和技能目标:了解竹竿舞的起源与历史;掌握竹竿舞的基本动作和基本步伐;学会竹竿舞的滑竿和敲竿基本打法;掌握竹竿舞的单人、双人基本跳法;初步学会竹竿舞的花样跳法(双人双跳、双人交叉跳、双人转圈跳)以及竹竿舞的变换阵型跳法(井字跳、米字跳、开花跳、跃龙门、搭拱门)。

　　2. 过程与方法目标:采用教师示范与讲授的方法,通过自主练习,在舞蹈练习中不断体会、掌握竹竿舞的动作要领;通过观看竹竿舞表演视频,感受音乐与竹竿舞的完美结合,同时培养学生的合作精神和舞蹈协调性,促进学生身心健康和谐发展。

　　3. 情感态度与价值观目标:通过竹竿舞学习,让学生了解海南民族舞蹈的魅力,让海南民族文化得以传承、弘扬。同时培养学生正确的审美观和高尚的审美情趣,让学生在丰富多彩的教学过程中享受美、创造美。

【课程内容】

　　"跃动竹竿舞"的课程内容由四个主题板块构成,即"了解竹竿舞的基本知识""欣赏与认识竹竿舞""学习基本跳法、花样跳法与交流""创新探究竹竿变换的阵型跳法"四个主题板块。主题板块内容安排如下：一是了解竹竿舞的起源与历史，使学生更加容易接受竹竿舞，对竹竿舞产生兴趣，培养学生热爱黎族人民的感情。二是欣赏竹竿舞音乐《打柴舞》，要求学生认真听音乐节奏和旋律，想象音乐所表达的画面；介绍竹竿舞的道具与跳法，深入了解竹竿舞是具有集体性、健身性、娱乐性等特点；知道竹竿舞的价值，培养学生团队精神，促进身体协调发展。三是学习基本跳法与花样跳法，让学生在学习和练习过程中充分发挥主体能动性，学会自主学习、探究学习、突出合作学习，在学练中为每位学生提供表现自己、展示自己的空间，激发学生的学习兴趣，让每位学生在学练中都能获得成功的喜悦，增强学生自信心和愉悦感。四是创新探究竹竿变换的阵型，在学会基本跳法与花样跳法的基础上，培养学生团结协作精神，突出合作学习、探究学习。养成合作互助，自主探究，勇于挑战的良好品质。

"竹竿舞"课程内容一览表

年级	学期	内容		课时
五	上	了解竹竿舞的起源与历史		1
		观看竹竿舞表演视频		1
		欣赏竹竿舞音乐		1
		竹竿舞的握竿法		2
		竹竿舞的打竿法	1. 滑竿	6
			2. 敲竿	
		竹竿舞的基本跳法	1. 单人跳	7
			2. 双人跳	
		竹竿舞的花样跳法：双人双跳		7
		竹竿舞的花样跳法：双人交叉跳		7
		竹竿舞的花样跳法：双人转圈跳		8

年级	学期	内容	课时
下	竹竿变换的阵型跳法：井字跳		8
		竹竿变换的阵型跳法：米字跳	8
		竹竿变换的阵型跳法：开花跳	8
		竹竿变换的阵型跳法：跃龙门	8
		竹竿变换的阵型跳法：搭拱门	8

【课程实施】

本课程为五年级的必修课,每周2课时,共需40课时,每课时40分钟,全班参与。以一学年为一个教学周期,教学场地在学校舞蹈教室或操场。课程教具准备为音响、多媒体、课件、音乐、小鼓、竹竿等。本课程使用原创自编讲义,多媒体课件、音乐欣赏、教师示范等多种教学资源。以校本课程形式教学,执教教师按课程安排时间任课,教师根据教学内容灵活构建教学细则,根据实际情况调整教学进度,灵活把握内容的实施,分五个阶段开展教学。具体实施分为以下阶段:

1. 熟悉竹竿阶段

课前准备,舞蹈教室要保持明亮、通风。打竿同学课前摆好竹竿,欣赏、练习等需要音响播放音乐。强调课堂常规,整队,报告人数,教师简单介绍教学内容。无竿徒手模仿,克服恐惧阶段,学生在竿间自由地做徒手练习动作。

2. 基本技术阶段

模仿练习打竿和步法,在不动竿上练习。分小组练习过两根到四根开合竿,逐渐掌握正确的打竿方法,并进行基本跳法与花样跳法的教学。初步学习竹竿舞的基本跳法,可分组进行教学。在教学的过程中,教师可走动指导学生练习,这样教师可以看得到每一个学生的动作和过竿情况,为下一环节教学做好准备。

3. 提高技术阶段

在熟练掌握基本跳法的基础下,此阶段通过反复的练习,提高学生过竿的人数和熟练程度,也提高学生跳动节奏的持久性与稳定性。配合音乐,在四竿中轻松跳跃,愉悦地享受竹竿舞带来的乐趣。

4. 合作探究创编阶段

进一步激发学生参与民族文化的积极性和创造性,体会民族文化带来的乐趣,增强学生的团结协作意识,鼓励学生通过想象探索创编新的跳竿形式与方法。

5. 自我展示阶段

学生展示竹竿舞可以反映自身对已学打竿、跳法、创编的掌握情况。教师可让学生以小组的形式上台展示,而后师生共同评议。教师要鼓励学生大胆参与,勇于表现。对于不敢过竿的、动作还达不到要求的同学,教师应及时给予鼓励,以此增强学生学习训练的勇气。

【课程评价】

本课程主要采用过程性评价、结果性评价和综合性评价。通过三个环节的评价过程,了解学生掌握竹竿舞的基本知识、打竿方法、跳竿技巧、合作创新和对民族艺术的欣赏评价等情况。从不同的方面对学生进行评价,显现出学生的个性特点,在提高学生学习兴趣的同时也对学生的课堂行为等方面进行了约束,使知识学习与习惯培养同步进行。同时,也让学生在学习过程中体验学习快乐与成就感,激发学习积极性和参与性,树立积极乐观的生活态度,激发热爱生活热爱艺术的情怀。

1. 过程性评价

任课老师每月对阶段性学习进行过程性评价,采取自评、互评(学生)、点评(老师、家长)相结合,了解基础知识掌握和创意互评等情况,给予分值评价,有附加分奖励(可对表现突出的学生给予附加分奖励,教师自行把握分值)。具体如下表:

"跃动竹竿舞"课程评价表

评价指标	分值	评价				
		自我评价	学生互评	家长评价	教师评价	附加分
学生对学习竹竿舞表现出来的学习热情	30					
学生是否正确掌握打竿方法和过竿动作是否与音乐协调	20					
学生是否掌握竹竿舞的打法和跳法	10					
学生参与跳竹竿舞的积极性与参与度	20					
学生是否增强对黎族艺术文化的传承和弘扬的信心	20					
总评						

2. 结果性评价

期末进行学习考核,通过打竿、跳竿、合作、探究等学习过程,结合课堂综合表现,累计分值评价,如:竹竿舞知识 20%、学习过程 50%、合作与探究创编 30%（知识和学习过程两项可根据课程评价表获得个人得分）,最后合计为总分,对积分最高的学生给予奖励。

3. 综合性评价

一个学期结束,教师根据学生整个学期的学习情况集中考核,根据出勤率（每节课前由负责考勤的学生登记出勤率,出勤一次算 2 分）、评价结果的等级,给学生颁发对应的奖励。评价结果也对学生当节课的表现与参与度进行了总结,使得学生在下节课的学习中改善自己不好的地方。

（课程开发者：陈碧玉）

后 记

对"儿童"的理解和思考是教育的起点，也是教育始终求索的经典问题。儿童是谁？儿童到底是怎样的存在？儿童仅仅是知识的学习者吗？儿童是成人的附属品吗？儿童是可以"塑造"的吗？我们究竟应该把儿童培养成为怎样的人？……

正是对这些问题的不断思考和追问，让我们进一步明晰教育的根本精神之所在、教育前行的方向在哪里。儿童是人，儿童是活生生的、有着自身尊严、生命价值和内心世界的人，儿童是充满无限潜质和发展可能的独立生命体，儿童从来不是可以被谁随意塑造和规定的，也从来不是谁的附属品。这些问题始终深深扎根在海口市第二十七小学教育人的脑海里、心底里，也深深地影响着我们对于教育的构想与规划：教育不是对儿童的塑造和规训，而是在发现儿童、尊重儿童的基础上，对儿童全面发展和美好人生的启蒙、引领与导航！让我们的教育告诉孩子们，外面的世界有多大、多美，你是如何独特的你，你会成为更加优秀的你，你会让你的生命变得更加美好、更有意义。

正是在"执爱为舵，扬帆启航"理念的指引下，在海口市第二十七小学在吴欣校长、王先云副校长的带领下，集全校优秀教师之力，共同构建了人性化、立体化、特色化的"小螺号课程"体系。该课程体系从启德、启言、启思、启健、启美五大模块出发进行了立体化构建，切实关切学生在德智体美几大领域的综合发展与全面成长，旨在有效构建促进学生综合素质提升的课程体系与教育生态。另外，启德、启言、启思、启健、启美，每一模块又由多门主题鲜明、维度多元、相互支撑、相互促进的下属课程共同搭建而成。其中，启德模块由生命之华、传统之韵、礼仪之美、陶冶之道、携手之力、践履之悟六门关切学生品德成长的课程构成；启言模块由寻根识字、卓越口才、导图习作、随文读写、英语歌曲童谣、英语故事会、快乐的英语短剧场七门旨在促进学生语言素养提升的课程构成；启思模块则是由数学阅读、数学与游戏、SAI 电脑绘画、VR 实验室：从虚拟现实认知真实世界、趣味俄罗斯方块、探秘海之南六门彰显思维特色的课程构成；启健模块由秀美韵律、乒乓健将、启航足球、心理资本的绽放四门关乎学生身体和心理健康的课程构成；而启美课程则在美育特点的基础上，开发、融入海南地方特色化文化资源，综合搭建了快乐剪纸、海韵书法、童趣纸版画、海韵合唱团、海韵舞蹈、跃动竹竿舞六门课程，这也使得整个课程体系在人性化、多元化、立体化的基础上，更加富有地方特色和文化美感。

"小螺号课程"体系共由 29 门课程构成。这 29 门课程由海口市第二十七小学的 28 位老师分别进行开发、构建和实施。在每门课程的开发和建设的过程中，这 28 位老师付出了加倍的努力和艰辛。从研读相关课程文件，到课程名称的选择，再到课程架构的提炼与搭建，最后到课程纲要的撰写与反复修改，28 位老师扎扎实实、严谨不怠，是值得敬佩的教育团队，他们是：梁彩娥、周瑜、陈玉棋、李夏、罗文媚、王君花、邓之富、陈忠曼、吴莲芬、周安旺、王晶、黄小雅、齐锐、吴琪、吴海珠、彭海棠、梁正发、辜文转、王彩惠、李飚、李介裕、何丽花、林海燕、丁兰海、王甲海、马春玲、赵丽艳、陈碧玉。

在"小螺号课程"体系建构过程中，全国品质课程联盟召集人、上海市教育科学研究院杨四耕老师给予了悉心的指导。在此，向杨老师致以最崇高的敬意！此外，在学校课程建设过程中，海口市第二十七小学与海南师范大学教育与心理学院的陈文心教授、赖秀龙博士、聂永成博士、赵秀文博士四位教育研究者通力合作，进行了多维、长期的探讨、交流和沟通，从而使得整个课程体系更加地充实和严谨，也真正实现了教育理论与实践的深度合作与有效融合，形成了教育理论与实践发展的新型互动机制。

课程体系已构建完成，但实践永远在路上。海口市第二十七小学的教育者们将心怀对儿童之爱、对教育之爱，在教育实践中砥砺前行、不断求索、扎实奋进。一个崭新的海口市第二十七小学也会在"小螺号课程"体系的不断改革与锐意创新中，迎来新的特色化办学格局，一个充满蓬勃的教育活力与魅力的二十七小也将为海南教育的明天带来新的气象与展望！

王先云

2019 年 7 月

学校课程发展丛书

品质课程实验研究丛书

以儿童为中心的课程：欢乐谷课程的旨趣与维度

978 - 7 - 5675 - 9489 - 0   45.00   2020 年 1 月

特色学校聚焦丛书

| 每一个孩子都是一棵树 | 978 - 7 - 5675 - 6978 - 2 | 28.00 | 2018 年 1 月 |

教育不是一个人的事："众教育"36 条

978 - 7 - 5675 - 7649 - 0   32.00   2018 年 8 月

不一样的生命，一样的精彩	978 - 7 - 5675 - 8675 - 8	34.00	2019 年 3 月
童味正醇：特色学校的文化图谱	978 - 7 - 5675 - 8944 - 5	39.00	2019 年 8 月
特色普通高中课程建设探索	978 - 7 - 5675 - 9574 - 3	34.00	2019 年 10 月

儿童是天生的探索者：360°科学启蒙教育

978 - 7 - 5675 - 9273 - 5   36.00   2020 年 2 月

做精神灿烂的教师：教师自我成长的 5 个密码

978 - 7 - 5760 - 0367 - 3   34.00   2020 年 7 月

跨学科课程丛书

大情境课程：主题设计与创意评价

978 - 7 - 5760 - 0210 - 2   44.00   2020 年 5 月

社会参与素养的培育模型与干预机制

978 - 7 - 5760 - 0211 - 9   36.00   2020 年 5 月

大概念课程：幼儿园特色主题活动设计

978 - 7 - 5760 - 0656 - 8   52.00   2020 年 8 月

核心素养导向的课堂教学丛书

| 漾着诗性智慧的课堂教学 | 978 - 7 - 5675 - 9308 - 4 | 39.00 | 2019 年 7 月 |

转识成智的课堂教学:核心素养导向的历史教学

                978 - 7 - 5760 - 0164 - 8   40. 00   2020 年 5 月

学导式教学:学会学习的教学范式

                978 - 7 - 5760 - 0278 - 2   42. 00   2020 年 7 月